Capricórnio

Max Klim

COLEÇÃO VOCÊ E SEU SIGNO

Capricórnio

3ª EDIÇÃO

CIP-Brasil. Catalogação-na-fonte
Sindicato Nacional dos Editores de Livros, RJ.

K72c
3ª ed.
Klim, Max
Capricórnio / Max Klim. – 3ª ed. – Rio de Janeiro: Nova
Era, 2008.
.-- (Você e Seu Signo)

Inclui bibliografia
ISBN 978-85-7701-289-3

1. Horóscopos. 2. Astrologia. I. Título. II. Série

01-1358

CDD – 133.54
CDU – 133.52

Copyright © 2001 by Carlos Alberto Lemes de Andrade

Ilustrações de miolo e de capa: Thais Linhares

Todos os direitos reservados. Proibida a reprodução,
no todo ou em parte, sem autorização prévia por escrito da editora,
sejam quais forem os meios empregados.

Direitos exclusivos de publicação em língua portuguesa para o Brasil
adquiridos pela EDITORA NOVA ERA um selo da EDITORA BESTSELLER LTDA.
Rua Argentina 171 – Rio de Janeiro, RJ – 20921-380 – Tel.: 2585-2000

Impresso no Brasil

ISBN 978-85-7701-289-3

PEDIDOS PELO REEMBOLSO POSTAL
Caixa Postal 23.052 – Rio de Janeiro, RJ – 20922-970

*Por toda uma saudade,
a Cláudia Beatriz, eterna presença.
E Marco Aurélio e Brunno Sérgio,
razão de vida, sonhos e esperanças...*

Sumário

Prefácio 9

PARTE 1
Introdução 11

Os Astros Governam nossa Vida 13

Capítulo 1 — Os Astros e o Ser Humano 17
   A influência dos astros   19
   A polêmica das previsões   37

Capítulo 2 — A Astrologia sem Mistério 43
   O horóscopo, uma distração   45
   O enigmático zodíaco   47
   Os signos   48
   Termos-chave da astrologia   52
   A natureza e a astrologia   63
   A influência da Lua   66
   Os elementos   68
   Os decanatos   70
   O que significam os planetas   72
   O dia da semana   74
   Os ciclos e eras astrológicos   76
      Era de Touro   78
      Era de Áries   80

Era de Peixes 83
Era de Aquário 86

PARTE 2

Capítulo 3 — Capricórnio 91
  Abertura 93
  Eu utilizo... 97
  A personalidade capricorniana 100
  Conceitos-chave positivos 110
  Conceitos-chave negativos 112
  Exercícios capricornianos 114
  O homem de Capricórnio 115
  A mulher de Capricórnio 117
  O amor e o sexo em Capricórnio 120
  As combinações de Capricórnio no amor 122
  A saúde e o capricorniano 128
  O trabalho capricorniano 130
  Os muitos signos nos decanatos de Capricórnio 134

Capítulo 4 — O Temperamento 139
  O ascendente revela os seus segredos 141
  Como calcular o ascendente 143
    Tabela 1 — Horário de Verão 147
    Tabela 2 — Correção Horária 148
    Tabela 3 — Hora Sideral 149
    Tabela 4 — Signo Ascendente 150
  As combinações de Capricórnio e o ascendente 151
    Capricórnio com ascendente em: 152

Bibliografia 159
O Autor 163

Prefácio

Este livro nasceu de uma dúvida e muitas certezas. A dúvida a tive ao começar a escrever sobre astrologia há mais de trinta anos, como recurso jornalístico de necessidade editorial momentânea. As certezas vieram com a constatação de que muitas das coisas que aprendi em astrologia se materializaram em realidade que não havia como contestar ou negar.

À medida que o cético pesquisador se aprofundava no seu trabalho, muitas dessas verdades nasciam, reafirmando-me a crença de que não se tratava de mera coincidência a constatação de um enorme volume de dados sobre o temperamento humano, quando analisado sob a ótica da posição astral de alguns corpos celestes.

Não foi uma certeza de fácil absorção a quem se mostrava disposto a demolir mitos e desmanchar toda uma série de "crendices" que a arrogância do intelecto atribuía ao despreparo e à simplória ignorância. Obtive-a em meu próprio modo de ser e me comportar, quando me vi diante de inexplicáveis tendências e arroubos incompatíveis com um comportamento racional.

Nativo de Áries, tive em meu signo as respostas a dúvidas tais, a ponto de me aprofundar ainda mais na busca pela verdade que os astros encerram. E as encontrei em muito do que chamo de *astrologia de características*, o estudo mais sério e determinado daqueles que se interessam por desvendar os mistérios da natureza humana.

Tornar tudo isso acessível é a proposta deste trabalho, resultado de pesquisas e da busca incessante pela comprovação das mais diferentes teorias e conceitos. Fazer deste estudo uma ferramenta de ajuda aos outros foi o passo seguinte, natural e previsível.

PARTE 1

Introdução

Os Astros Governam nossa Vida

As mais recentes pesquisas do telescópio Hubble mostram que existem no Universo mais de 250 milhões de galáxias com bilhões de sóis iguais ao nosso, o que revela a existência de um campo progressivo de força e energia, gerador de campos gravitacionais que interferem em todo o Universo. Se somos matéria, o que vale dizer, energia em determinado estado de vibração, não resta dúvida de que toda essa força existente no Universo há de interferir, de uma forma mais sutil ou mesmo em graus mais intensos, em nossa forma de ser.

Isso explica a astrologia e nos dá um caminho para entender por que seres de diferentes origens apresentam semelhanças em sua maneira de agir e de reagir, como se fossem guiados por uma mesma energia.

Quando dizemos que o nativo do signo de Capricórnio é o melhor trabalhador do zodíaco, por sua insuperável capacidade de aceitar rotinas repetitivas e por longo tempo, estamos simplesmente afirmando que as pessoas nascidas no planeta Terra, quando ele se encontra em determinado ponto do espaço, recebem o mesmo feixe de influências geradas por esses milhões de galáxias que agem em conjunto na formação da energia que move o universo.

E isso se aplica a todos os signos, de forma quase exata, levando-nos à certeza de que os movimentos do planeta Terra em torno de si mesmo, circundando o Sol e se inserindo na evolução do sistema solar dentro da nossa galáxia, que também está em movimento, influenciam sistemas, planetas, continentes, mares, terra e gente... Não há como negá-lo.

Essa energia transmudada em matéria que forma nosso corpo é passível de influências externas, e nesse aspecto entram os conceitos de astrologia como forma de detecção de temperamento, personalidade e comportamento.

Analisando os signos, chega-se facilmente à conclusão da similitude de elementos entre os nativos de um mesmo período, como se todos os que nascem quando os movimentos de translação, rotação e da caminhada da Terra em direção a outro ponto da Via-Láctea absorvessem os mesmos dons e a mesma capacidade e debilidade.

Por isso, quando se recomenda, por exemplo, a um nativo de um signo um pouco mais de abertura em seus contatos humanos, toca-se em característica comum daquele signo que tem nas suas características a introversão; ou seja, a introversão faz parte de um tipo específico de influência para os que nascem em um dado período — quando um planeta passa por determinada constelação. E isso se repete signo a signo, de uma forma impressionante.

Se há energia ou força cósmica gerando os mesmos elementos de influência, conhecê-los, dirigi-los e controlá-los é mudar nossa própria vida, buscando os pontos ideais que todos pretendemos em nossa existência com o emprego dessa mesma força e energia. E isso é possível...

O autoconhecimento é a ciência de nossos pontos mais fortes e das características mais frágeis de nosso temperamento e de nossa personalidade. Uma ciência que nos faz pessoas mais capazes por lidarmos com coisas que sabemos passíveis de mudança ou atenuação.

Isso vale tanto para a criatividade arietina, a segurança taurina, a indecisão geminiana, o isolacionismo canceriano, o exibicionismo leonino, o detalhismo virgiano, o equilíbrio libriano, o passionalismo escorpiano, o senso crítico sagitariano, as exigências capricornianas, os avanços aquarianos e o misticismo pisciano. Para todos os nativos de um determinado signo, os elementos são os mesmos e se repetem.

Cabe-nos dirigir nossas energias, conhecendo bastante nossos pontos fortes e fracos para saber o que fazer quando eles se manifestam. Isso nos torna pessoas mais perfeitas, embora não se pretenda, por impossível, remover-se traços de temperamento e caráter.

A astrologia é uma das mais perfeitas dessas ferramentas e podemos usá-la em todos os instantes em nosso cotidiano de trabalho, nos relacionamentos, nos projetos, em família, no amor e em tudo o que fazemos.

Não se usa a astrologia como forma mundana de adivinhação barata. Sem ser ciência, o estudo das influências dos astros sobre nosso temperamento é uma proposta de estudo em um campo que o ser humano ainda não conhece inteiramente. Um estudo válido e que pode nos tornar bem melhores do que somos.

Capítulo 1

Os Astros e o Ser Humano

...Ao derramar ao solo a semente, busque fazer com que o seu deus particular zele por ela e a faça brotar. Ore para Astatéia e observe as estrelas que dirão do tempo para sua colheita e o levarão à abundância e à fartura...

<small>Conselho em tabuinha com escrita cuneiforme, do século VI a.C., descoberta em Beitsun, na Pérsia, atual Irã, em 1836.</small>

A influência dos astros

A crença na influência dos astros sobre a nossa vida se perde no tempo. Desde que o primeiro homem observou o movimento das marés ou determinou a época mais conveniente para o plantio, associando-o às fases da Lua, muito se falou e se acreditou sobre a influência astral no comportamento do ser humano, na nossa forma de ser e até mesmo na determinação de nosso destino.

Hoje, até o mais descrente dos seres não deixa de reconhecer a importância da astrologia para muitas pessoas. E muitas delas nada fazem sem a consulta diária ao seu horóscopo. Milhões buscam avidamente as análises de mapas astrológicos que, sofisticados, se utilizam dos mais avançados recursos da tecnologia para analisar a influência dos planetas e corpos celestes sobre a vida humana.

Ainda que muitos não acreditem em previsões e mapas, e o façam com razão, pois em sua maioria eles são feitos de forma aleatória e sem a consideração ao fato de que o ser humano não vive só no mundo e que no nosso cotidiano somos parte de grupos, sujeitos à interação social, nos obrigamos a reconhecer que alguma coisa existe em torno do alto nível de acerto das análises astrológicas de temperamento e personalidade.

Por isso, a constatação de que existem análises com índices de acerto de mais de 70% quanto à característica dos analisados confere à astrologia de características um grau de acerto superior a muitas das chamadas "ciências". E, em razão disso, ela vem sendo usada, a cada dia com maior sucesso, nas mais diferentes atividades, para determinar as características de uma pessoa, suas tendências, qualidades e fraquezas.

Já se faz seleção de pessoal por astrologia, com análises que apontam aptidões e potencial, todas comprovadas na prática de grandes e pequenas empresas. Até mesmo na criminologia mais moderna realiza-se a análise do caráter de infratores com a determinação do mapa astral de suas características.

Em muitos países, funcionam centros de investimento baseados em astrologia, o que vem confirmar seus estudos para a observação do comportamento do ser humano, suas características mais marcantes, seu potencial e seus pontos fracos e fortes.

Com isso, chegamos a ponto de poder afirmar, com certeza, que a astrologia, se usada como elemento auxiliar de auto-análise, vai permitir a uma pessoa conhecer-se melhor usando um dos mais populares e confiáveis elementos de auto-ajuda de que se tem notícia. E com a vantagem de ser um elemento acessível ao nível de cultura da maioria das pessoas. É lógico, sem a infalibilidade de ciência exata, mas como complemento a outras das chamadas ciências sociais. Um apoio importante para que passemos a nos ver de forma mais correta.

E isso pode ser avaliado pelo fato de que todo nativo de Áries, por exemplo, pode cometer erros pela sua costumeira e universal tendência à precipitação em algumas de suas atitudes. Quando fazemos tal análise, não estamos avançando sobre nenhum dogma da ciência ou da religião.

Na verdade, todo nativo do primeiro dos signos, o arietino, tem uma forte tendência a agir primeiro e pensar depois. A isso se chama precipitação, que, descontrolada, constitui uma forma destrutiva e negativa de comportamento. Uma vez que o arietino conheça dessa tendência e forma de comportamento, nada mais natural que controlá-la, agindo no sentido de utilizar-se de ajuda que pode ser fundamental em sua vida.

E os exemplos não ficam apenas por conta da maneira voluntariosa de ser do nativo de Áries. Todos os outros signos apresentam elementos comuns de deficiências e de qualidades que podemos controlar e moderar ou ampliar, fazendo-nos melhores diante de um mundo que busca a perfeição em todos os seres humanos, a ponto de torná-la compatível com uma era em que a competição alcança níveis exagerados.

Pensando nas 12 casas do zodíaco, e como antecipação da análise individual dos signos, podemos afirmar com segurança, à maneira do que fizemos com o nativo de Áries, que: todo taurino tem um comportamento teimoso e persistente que deve ser canalizado para aquilo que exige permanência; o nativo de Gêmeos mostra a curiosidade e a versatilidade que o fazem notável anfitrião e bem-sucedido profissional dos setores que exigem tais qualidades; o canceriano é maternal e intuitivo, fazendo disso base para atividades que exigem elementos fortes de apego à vida em família; o leonino, um ator em busca do aplauso de seu público, está sempre capacitado à liderança de grupos; o nativo de Virgem é o mais exímio dos profissionais pelo seu apego aos detalhes e sua capacidade analítica, e o libriano, encarnando o equilíbrio do centro do céu zodiacal, é o juiz mais criterioso e o mais judicioso dos julgadores. Assim, vale também para o nativo de Escorpião a afirmativa de que seu caminho se liga à investigação e à atividade criadora que exigem paixão; o sagitariano, sempre em busca da liberdade, melhor se dá em atividades que não tolham sua iniciativa; o capricorniano, sempre prático e tradicionalista, é capaz de enfrentar a mais repetitiva das tarefas sem esmorecer; e o aquariano, sempre visionário e adiante de seu tempo, é capaz de absorver avanços com a maior naturalidade, enquanto o nativo de Peixes se mostra um ser espiritualizado e introvertido, confiável para tudo o que exija moderação.

É claro que uma análise superficial não nos permitiria a exata definição do caráter e da maneira de ser de cada pessoa apenas com afirmativas simples como estas. Há sempre a necessidade de se aprofundar um pouco mais a análise para que descubramos, em cada um de nós, nosso potencial mais ampliado, nossas deficiências mais marcantes e nossas qualidades mais evidentes.

Isso pode ser feito no sentido de nos possibilitar um quadro completo de características que nos indicarão o melhor caminho a seguir em nossas vidas, eliminando inadaptações e inadequações de comportamento, superando frustrações e angústias e fazendo com que, nos conhecendo melhor, encontremos, senão a felicidade, um pouco mais de entendimento sobre alguns dos "mistérios" que cercam nossa forma de ser e agir e que, embora comuns a milhões de pessoas, ninguém até hoje conseguiu explicar com exatidão.

É na astrologia que podemos buscar a explicação de diferenças para personalidades e caminhos sólidos na profissão, nos relacionamentos pessoais e afetivos, na forma de reagir diante do mundo, na maneira com que recebemos a influência de nosso grupo ou que reagimos a essa influência. Tal explicação, quando feita com base técnica correta, nos permite olhar para nós mesmos e saber como levar o desafio que a vida nos oferece com maior tranqüilidade, maior aceitação e maior felicidade.

Conhecer-se pela astrologia é um processo de fácil assimilação e de resultados surpreendentes, como se pode constatar por aqueles que superaram falhas graves em sua maneira de ser apenas conhecendo dessa característica ou tendência, evitando assim bons e grandes problemas.

A partir desta observação, se pode concluir que é possível e nos cabe controlar atributos próprios de nosso signo e superar obstáculos e empecilhos que, de outra forma, só conseguiríamos com muita luta e dificuldade. Os que tentaram comprovam a possibilidade de melhorar o desempenho profissional e pessoal pelo maior conhecimento da própria potencialidade. Uma potencialidade que, em última análise, é influenciada pelos astros.

Mas a experiência não vem apenas dessa simples constatação. Fatos ocorridos com pessoas cuja vida é de domínio público nos fazem aceitar a validade desse princípio. Os astros realmente marcam para cada uma delas elementos que são características definitivas em suas existências. Nomes e casos famosos ilustram essa conclusão e mostram de forma bem eloqüente que há alguma coisa específica que distingue tais pessoas.

♈ ÁRIES, O VENCEDOR: O PÓDIO EM PRIMEIRO LUGAR

Sua busca pelo primeiro lugar o levou, de forma inevitável, ao mais competitivo dos esportes. A Fórmula 1 era o caminho natural do paulista Ayrton Senna da Silva, nascido às 02h35 do dia 21 de março de 1960, um arietino. Obcecado pelo primeiro lugar, inovador nas técnicas do automobilismo, pioneiro em muitas de suas iniciativas, ele jamais se contentou em ser segundo de alguém. Voluntarioso, independente, arrogante diante do adversário e generoso com os amigos, Ayrton soube canalizar a ânsia pela vitória e garra típicas de seu signo para uma atividade coerente com seu perfil astrológico. Até seu último momento de vida foi marcado pelo seu próprio signo, Áries. A morte na curva Tamburello, em Imola, na Itália, se deu exatamente por um acidente com o ponto fraco do organismo e da fisiologia do nativo de Áries, a cabeça.

♉ TOURO, COM OS PÉS NO CHÃO: UM TEIMOSO GENERAL

Aquela figura de guerreiro impressionava até mesmo o mais descrente dos inimigos. Adoentado, ele insistia em ir ao campo, na manhã fria de um final de abril de 1866. Não sem antes ser duramente criticado por seus próprios colegas generais em guerra no Rio da Prata. Era ele Manoel Luís Osório, um taurino nascido no Rio Grande do Sul, em 10 de maio, e considerado um dos maiores nomes na História das Américas em todos os tempos. Sua valentia, sua determinação e, mais que tudo, a persistência da busca de seus objetivos pessoais na vida militar e nas atividades civis eram marcas pessoais. Em campos de guerra, foi avaliado como um ser humano "teimoso como um boi empacado", pelo argentino Venâncio Flores, que o apontou como o maior general do hemisfério sul em todos os tempos. Em batalha, é ferido na região occipital (parte ínfero-posterior da cabeça), área de seu corpo governada por seu signo.

II GÊMEOS, A DUALIDADE: O PRESIDENTE E A CONTROVÉRSIA

Um homem feito para as grandes conquistas, um anfitrião que encantava a todos os que recebia, um curioso observador da vida e da gente, perspicaz e de gênio franco que dele fazia um político de reações súbitas e espontâneas. Assim era John Fitzgerald Kennedy, um geminiano nascido em 29 de maio, em uma família de origem irlandesa e católica, contradições geminianas na sociedade predominantemente puritana dos Estados Unidos. Kennedy se destacou como político pela sua imensa capacidade de vislumbrar todos os ângulos de uma questão. Com as virtudes de seu signo, por elas se perderia. Foi indeciso na tomada de decisões importantes na vida americana, titubeando quando do início da escalada da guerra no Vietnã e na questão da Baía dos Porcos, contra Cuba. Sua personalidade brilhante e presa ao *grand-monde* da Camelot dos sonhos americanos conquistou o mundo, e sua morte, na Helm Street, em Dallas, no dia 22 de novembro de 1963, transformou-se em uma das maiores polêmicas do século XX com as mais diferentes versões sobre um fato histórico para o mundo moderno. E aí cumpriu-se a sina dos nativos de seu signo: a polêmica até com a morte.

♋ CÂNCER, O NACIONALISTA: "ATÉ TU, BRUTUS?..."

Uma das maiores figuras da história, o imperador romano Caio Júlio César, nasceu no dia 12 de julho e sua vida e seus atos revelam bem as características do signo de Câncer. Nacionalista que conseguiu unificar e ampliar os domínios de Roma, o seu lar, sua casa, sua terra, foi responsável por grandes reformas na vida da maior civilização de seu tempo. Humanitário, maternal em seus sentimentos, era intuitivo e escreveu a história de sua época, com rara inventividade nas técnicas de guerra e na estratégia da conquista. O gênio militar, autor de momentos gravados para a posteridade, ao romper o *status* de um Império com o seu *alea jacta est* no Rubicão, na caminhada rumo ao poder com a volta a Roma, mostrou determinação para enfrentar o Senado todo-poderoso. O canceriano cumpria a sua sina. Extremamente apegado à família, era acusado pelos seus críticos de excessivo egoísmo. A conspiração para matá-lo, envolvendo seu filho adotivo Brutus, se materializou nas escadarias do Senado e o brutal ataque que o feriu seguidas vezes no peito e no estômago fez cumprir, no físico e nas circunstâncias da morte pelas mãos do próprio filho, a sina do canceriano.

♌ LEÃO, O CONQUISTADOR: DE POBRE A IMPERADOR

De origem duvidosa e humilde na Córsega, aquele militar que se alistou menino no Exército francês poucas chances tinha de galgar os degraus da fama e da glória. Mas Napoleão Bonaparte, o gênio que marcaria a história do mundo pela sua incontestável liderança, foi capaz de mudar seu destino e fazer com que da linha de frente na guerra contra o Egito chegasse ao Palácio de Versalhes, numa típica ação leonina. Nascido em 15 de agosto, de família pobre, com descendência incerta, sem nome e sem proteção, em uma ilha que não se considerava parte da França, a Córsega, era um ser fadado a liderar. Sua pequena estatura não evitava sua excessiva vaidade. Foi um gênio na arte de fascinar e comandar pessoas. Arrogante, criativo, romântico, chegou à crueldade e ao instinto ditatorial em determinados momentos de sua vida. Adorado pelos franceses, foi um ator de seu tempo à frente do palco do mundo à espera do aplauso. Morreu em 1821 de causa ainda não explicada, mas, que se suspeita, provocada por um veneno que procurava simular um ataque cardíaco. Foi, até na morte, um típico líder, nativo de Leão.

♍ VIRGEM, O DETALHISMO:
A DAMA E O SEU MISTÉRIO

De sua pena surgiram os mais intrincados mistérios da novela policial em todos os tempos. Arguta observadora do caráter humano, capaz de identificar em minúcias aquele pequeno detalhe que aos outros passaria despercebido, Agatha Christie foi a típica virgiana, a mulher que simboliza o signo do relojoeiro, o profissional das peças pequenas, do cuidado, do estudo minucioso, perfeccionista acima de tudo. Considerada nos meios literários europeus uma operária das letras, era uma figura que os seus mais íntimos classificavam de extremamente exigente, misteriosa e de difícil contentamento. Agatha Christie encarnou por toda a sua vida, e como ninguém, o típico nativo de Virgem. Nascida em 15 de setembro, ela soube dar ao gênero que escolheu para suas criações literárias a persistência de tramas sempre detalhistas e intrincadas. Conquistou o mundo com suas surpreendentes histórias de mistério e suspense, fazendo do detetive Hercule Poirot, na verdade ela própria, o mais hábil dos investigadores, capaz, com sua habilidade, de desvendar segredos a partir das pequenas pistas, do detalhe quase despercebido, da pequena discrepância, num típico comportamento do nativo de Virgem.

 MAX KLIM

♎ LIBRA, O EQUILÍBRIO:
A CONQUISTA PELA NÃO-VIOLÊNCIA

Seu nome tornou-se símbolo do equilíbrio entre a ação violenta e o pacifismo. Mahatma, ou "a grande alma", nome que seus contemporâneos lhe deram por seu prestígio e por sua importância histórica no mundo moderno, o indiano Mohandas Karamchand ficou conhecido por Mahatma Gandhi depois de lutar pela independência da Índia, enfrentando aquela que era então a maior potência colonial do mundo, a Inglaterra, apenas com seus irresistíveis apelos à política da não-violência. Todos os seus biógrafos são unânimes em reconhecer nesse advogado de formação européia, nascido em Libra, no dia 2 de outubro, de fala mansa e que insistia em destacar-se de seus pares pelas roupas simples e conduta controlada, a figura refinada de intelectual que esgrimia a palavra e as armas da política como ninguém. E ele acabou por se tornar símbolo de uma era. Preso oito vezes na sua luta contra o domínio britânico, nunca deixou de lado a diplomacia ao tratar com os dominadores de sua pátria. Era sociável até com os próprios inimigos e foi vítima de seus compatriotas nacionalistas. A sua morte, quando buscava a conciliação, revela um sentido bem próprio de Libra, o signo do diálogo e do entendimento nas mais difíceis situações.

♏ ESCORPIÃO, A DETERMINAÇÃO:
O PASSIONAL REFORMISTA

Sua figura emerge da história com uma força inimaginável em nossos dias. Um simples monge se decepciona com a estrutura da Igreja Universal, dominante e todo-poderosa, se volta contra Roma e desafia o poder político secular e até mesmo os dogmas espirituais do catolicismo, colocando abaixo toda uma estrutura organizada em 1.500 anos de domínio quase inatacado em todo o mundo ocidental. O monge agostiniano Martinho Lutero é o típico nativo de Escorpião. Nascido no dia 10 de novembro, ele se prendeu à curiosidade investigativa natural de seu signo. E, nisso, foi além do admitido pelos dogmas religiosos da época ao combater indulgências que classificou de desvios na religião. E deu início a sua caminhada de reformador religioso. Passional, levou a extremos a sua campanha e, mais tarde, a sua própria vingança contra uma estrutura religiosa que o considerou herege e que, pela excomunhão, o afastou. Com ele, começou a reforma que deu origem ao protestantismo, fazendo dessa busca pela mudança a prática de outra das características do seu signo. Era uma figura realizadora que chegou quase à intolerância, impulsionado pela perseguição do poder católico da época.

♐ SAGITÁRIO, A LIBERDADE: A MÃE DOS BRASILEIROS

De origem aristocrática, irmã de altos oficiais do Exército imperial, seu senso humanitário e ânsia por agir com total liberdade a levaram a uma das mais sangrentas das guerras do século passado, a Guerra da Tríplice Aliança, no Paraguai. Quando as mulheres se educavam e viviam apenas para o lar e o marido, Ana Justina Ferreira Néri, uma sagitariana nascida no dia 13 de dezembro, foi ao campo de batalha onde revelou os dotes que a fizeram uma das maiores personagens da vida sul-americana em todos os tempos. Generosa, mesclando a prática da religião com o assistencialismo desinteressado, ela se destacou de suas contemporâneas com a sua presença num teatro de guerra, onde a mulher era elemento estranho. Sua impaciência e o amor à natureza fizeram com que Ana Néri chegasse às mais avançadas trincheiras na linha de frente das batalhas em que, indiferentemente, prestava socorro aos soldados feridos e até a animais abatidos pela insânia da guerra. Presença constante, sempre atendendo todos que a cercavam com palavras de otimismo e confiança. Sua franqueza contra a política de guerra nem sempre agradou aos poderosos da época, mas, por isso mesmo, sua figura cresceu com atos de justiça e piedade, numa referência direta a dons tipicamente sagitarianos.

♑ CAPRICÓRNIO, O TRABALHO:
A MARQUESA DO LIBERALISMO

Seu papel na vida de um povo, ainda não devidamente valorizado na formação da política sul-americana, antecipou em um século e meio a presença da mulher na história. Por todas as suas ações, Domitila de Castro Canto e Melo, a marquesa de Santos, amante do Imperador Pedro I, teve um papel fundamental no ânimo do jovem português que tornou independente o maior país do hemisfério. Perfeccionista, trabalhadora, prática na medida oposta à vida fútil e à ociosidade da corte brasileira, a marquesa, uma capricorniana do dia 27 de dezembro, tinha uma postura liberal e contribuiu para moderar a decantada impulsividade do jovem príncipe que se tornaria rei em dois mundos. Seu rigor e suas exigências, em um romance que venceu o tempo, controlou, sob o manto de uma discrição impensável para a então acanhada e pequena cidade que sediava a Corte, a mais importante figura da época no Rio de Janeiro. E seu romance mudou os rumos da política latino-americana no início do século. Dominadora e exigente ao extremo, era uma personalidade que impunha respeito aos nobres que freqüentavam a Quinta da Boa Vista, no tumultuado governo de Pedro I. Morreu aos setenta anos, com artrite e problemas reumáticos, outra das características capricornianas.

AQUÁRIO, A REBELDIA: ESCÂNDALO NO PRIMEIRO MUNDO

Como todo nativo de Aquário, a jovem artista portuguesa que fez do Brasil a sua pátria e levou o ritmo brasileiro ao cinema em Hollywood, e daí a todo o mundo, era a típica figura da mulher adiante de seu tempo. Independente e individualista, Maria do Carmo Miranda da Cunha, ou simplesmente Carmem Miranda, nasceu no dia 9 de fevereiro. Sua agitada e curta trajetória de vida mostra bem as características de Aquário, seu signo. Temperamental e radical, chegou a extremos ao se apresentar em *shows* numa sempre inovadora *mise-en-scène* que chamava a atenção. Seus conceitos avançados a fizeram em uma dessas ocasiões, para escândalo e afronta à puritana sociedade norte-americana, se apresentar em público sem calcinha, num gesto que ganhou as colunas de mexericos e a colocou em confronto com os grandes da Meca do cinema. Incompreendida por seus contemporâneos, Carmem Miranda foi a menina rebelde de uma tradicional família lusitana que emigrou para o Brasil quando ela ainda era jovem. Aqui deitou raízes e se dedicou às artes, em outra das suas características aquarianas. Tinha problemas circulatórios que a levaram à morte, outra típica referência à influência de Aquário sobre nosso corpo.

♓ PEIXES, A INTUIÇÃO:
O PAPA DA MELANCOLIA

Sua figura expressa, na história do século passado, um dos ícones mais importantes da vida religiosa e da política internacional em todo o mundo. Eugênio Maria Giuseppe Pacelli, o papa Pio XII, foi o mais expressivo exemplo da figura do nativo de Peixes a ocupar o trono de Pedro, em quase dois milênios do catolicismo romano. Enigmático, introspectivo, místico, sua figura sempre foi cercada de uma aura de santidade que o tempo só fez por ampliar. E, além disso, tinha uma personalidade influenciável, demonstrada em suas atitudes nem sempre claras em tempo de guerra na Europa. De vida moderada quando ocupou a chefia da Igreja, não expressou por atos e gestos a sua nobre origem em uma das mais tradicionais famílias romanas. Simpático e emotivo, deixou marcas em muitas viagens quando ainda cardeal, época em que revelava um caráter sensível que lhe permitiu muitas vezes condoer-se diante da miséria e da pobreza. Foi acusado pelos seus críticos de tímido diante dos avanços do nazismo na Europa e do fascismo na Itália. Mostrou durante seu papado uma forte tendência à valorização do misticismo e sob ele a Igreja tornou públicas suas maiores preocupações com o psiquismo coletivo. Nascido no dia 2 de março, Pio XII encarnou o signo da própria religião que chefiou, Peixes.

Por todos estes 12 exemplos de figuras que ocuparam páginas de livros e jornais, nos mais diferentes períodos da História do mundo, pode-se garantir que há traços bem típicos a diferenciar as pessoas pelo signo em que nasceram.

Apesar disso, a simples determinação do signo solar, com referência ao nascimento de uma pessoa, não mostra todos os elementos que fazem a personalidade de um ser humano. Estes foram exemplos de figuras que encarnaram de forma notável as principais dessas características da influência do Sol em nossas vidas.

Mas o ser humano não é apenas o que diz seu signo solar, aquele que nos fala da individualidade do ser na sua formação. Dois outros elementos — o **signo ascendente** e o **signo lunar** — compõem de forma muito intensa a maneira de se mostrar, comportar e agir. O signo ascendente é determinado pelo planeta que sobe no horizonte na hora do nascimento de uma pessoa. Este "signo" nos diz do temperamento do ser, sua forma de absorver o que mundo lhe impõe e é calculado com base na análise, o mais exata possível, da hora e local de nascimento da pessoa (ver Capítulo 4).

O signo lunar, por sua vez, é determinado pela regência da Lua sobre uma casa específica na hora do nascimento. A Lua, em seu movimento em torno do nosso planeta, governa horas diferentes do dia e se posiciona diversamente nas 12 casas que representam os signos do zodíaco, daí a sua influência em casas que nem sempre coincidem com o signo solar ou o ascendente. O signo lunar governa a personalidade do indivíduo, a sua maneira de reagir diante do mundo. Sua identificação é feita por tabelas específicas que mostram astronomicamente o movimento da Lua no correr do dia do nascimento.

A polêmica das previsões

Os mais ácidos críticos da astrologia sempre reservam "exemplos" de previsões e análises feitas pelos mais diferentes "astrólogos" e que não deram certo, para atacar o estudo das influências astrais sobre nossa vida. É verdade que, todo ano, milhares de "iluminados" vão à televisão, aos jornais e revistas prever acontecimentos e desfiam um sem-número de indicações genéricas que, por vezes, coincidem com a realidade e, por outras, dela passam longe.

É a adivinhação que faz a alegria dos editores e atende à necessidade crescente do ser humano de esperar por "alguma coisa" que lhe mude a vida e o próprio amanhã.

A maioria dessas previsões são feitas com base em uma fórmula simples e colocadas, quase sempre, em torno de generalidades do tipo "os meios artísticos vão ser abalados no segundo semestre pela morte de uma figura notável que mudou os rumos do setor" ou, ainda, "a morte de uma figura de expressão pública vai chocar as pessoas e deixar um vazio na cena política". São previsões "certas", pois sempre há alguém morrendo que se enquadra nesse tipo de brincadeira.

Ao contrário disso, é evidente a constatação, pela astrologia, quando levada a sério, de que há coincidências na análise da personalidade de diversas pessoas que são do mesmo signo. Isso mostra que alguma coisa torna os indivíduos nascidos em determinado período sujeitos a uma força comum, que lhes dá algumas características semelhantes, passíveis de análise e medida.

Para corroborar esta afirmação, há um velho ditado chinês que nos diz que, "se o cavalo vence uma vez, a sorte é do cavalo; se ganha por duas vezes, há uma coincidência, mas, se vitorioso por três vezes, que se aposte no cavalo". A astrologia de características já provou que as coincidências não ficam apenas em três dos elementos do caráter e do comportamento de uma pessoa...

Na verdade, não se pode confiar em previsões como aquelas feitas genericamente e para divertir leitores na passagem do ano. Por não levar em conta a interação do ser humano com o seu semelhante, elas falham. Por isso, não há qualquer base de seriedade nessas previsões, pois os seres são influenciáveis pelo seu meio de vida e não existem isolados e sós no mundo.

As análises astrológicas de características, porém, são diferentes dessas "brincadeiras". Características em comum existem e delas se demonstra o bastante para que possamos usá-las a nosso favor, dominando nosso caráter e nossa maneira de reagir, entendendo por que somos e o que somos e fazendo por onde canalizar nosso potencial em proveito próprio.

Isso fica bem claro quando consideramos que, mesmo o mais exato dos mapas astrais, jamais será capaz de prever exatamente todos os acontecimentos de nossa existência, como pretendem os adivinhos da astrologia. Quando elaboramos um mapa, não o fazemos em relação a nossas esposas ou maridos, nossos filhos ou pais, nossos colegas ou patrões, nossos vizinhos e conhecidos que, por suas ações, podem interferir no nosso dia.

Não há como prever, por exemplo, que teremos um dia favorável para determinado signo, se essa análise não for feita também para aqueles que podem mudar o ânimo e as reações do nativo desse signo. Como exemplo, podemos lembrar o patrão que, num acesso de mau humor, pode despedir um funcionário apenas por seu estado de ânimo pessoal, fazendo daquele dia favorável nas previsões do horóscopo um inferno para seu subordinado. Se a previsão foi feita de forma otimista em termos genéricos, o ato negativo do patrão a colocou abaixo.

De nada adiantam as posições planetárias quando vistas apenas no ângulo de uma única pessoa, a não ser que ela vivesse em uma verdadeira "bolha" de tempo e espaço, completamente isolada do mundo exterior, em um ponto onde nem mesmo os fatores climáticos comporiam elementos externos a influenciá-la.

Assim, não é possível fazer previsão genérica para todos os nativos de um mesmo signo, a não ser numa forma de divulgação da astrologia como entretenimento e uma forma de conselho para comportamento.

Mesmo assim, desde a mais remota Antigüidade, o ser humano relata influências dos astros sobre a sua vida. Todas as civilizações fizeram um registro desse tipo de influência, e isso nos vem desde as primeiras formas escritas. No antigo Egito, nas histórias de faraós e nobres, gravaram-se em hieróglifos, em tumbas funerárias, a crença nos astros.

Da mesma forma, nas tabuinhas de argila na Mesopotâmia, há o relato de experiências e costumes dos povos que usavam os astros como forma de determinação dos atos de nobres e governantes. Daí a referência de abertura neste capítulo à tabuinha de Beitsun, no atual Irã, onde já se registrava a invocação das estrelas para que a deusa Astatéia protegesse a colheita.

É cientificamente certa a influência lunar sobre as marés, a menstruação e o ciclo de crescimento das plantas. Da mesma forma, sabe-se da influência das explosões solares sobre o sistema nervoso do ser humano. E, hoje, se discute em psiquiatria, validamente, a influência do movimento da Terra sobre os surtos piscóticos.

Mas o que dizer de outras influências? Vênus seria mesmo o planeta do amor, na lembrança da mitologia e das crenças de gregos e romanos? Marte nos diz da guerra como o queriam os antigos? Qualquer que seja a resposta, ela vai se referir apenas a uns poucos planetas que compõem nosso Sistema Solar e o seu movimento em torno da Terra.

Marcada em símbolos os quais chamamos planetas, trânsitos, aspectos e posições, a astrologia reflete uma certeza: há uma influência universal sobre os seres vivos e ela segue um padrão de tempo e espaço que nossas convenções denominaram planetas e os inseriram num círculo de 12 períodos no que hoje conhecemos como "zodíaco". Por meio dessa influência, nos é possível desenvolver um processo de autoconhecimento e avaliação da nossa forma de ser, para melhor enfrentarmos a vida e os desafios que ela nos oferece.

Capítulo 2

A Astrologia sem Mistério

A astrologia ocidental — pois a astrologia existe também no Oriente com outros nomes, denominações e conceitos — adotou da astronomia comum a maior parte dos termos que emprega. Os mais usuais, e que ouvimos com maior freqüência entre os leigos e estudiosos, são expressões que podem ser facilmente explicadas sem as dificuldades habitualmente encontradas por aqueles que buscam a interpretação de mapas em análises mais profundas.

A terminologia usada por grande parte de astrólogos, horoscopistas e analistas quase sempre se fecha em conceitos que tornam impossível às pessoas comuns conhecer aquilo de que se fala. Mas, na verdade, a astrologia é um estudo bem simples e está ao alcance da maioria das pessoas.

Para essa interpretação mais singela e direta dos conceitos da astrologia, entre expressões e termos específicos, selecionamos aqueles que dão uma visão mais abrangente desse estudo tão fascinante quanto útil.

O horóscopo, uma distração

Há milhares de pessoas que não saem de casa sem abrir o jornal na página da previsão astrológica e ali consultar o seu horóscopo, num costume que se difundiu mundo afora e hoje é hábito para boa parte da população. Mas se o horóscopo ganhou importância, isso também levou a alguns exageros, como o que é cometido pelas pessoas que passam a dirigir suas vidas apenas pela leitura ou interpretação do horóscopo diário.

Isso pode ser medido pelo volume da correspondência encaminhada aos horoscopistas dos jornais e emissoras de rádio, verdadeiramente impressionante tanto por seu número quanto pelo grau de confiança que as pessoas manifestam por esses profissionais em suas cartas. Pesquisa de opinião pública realizada por um grande jornal brasileiro apontou o horóscopo diário como a terceira coluna mais lida em suas edições, o que representa uma responsabilidade muito grande para os profissionais que, elaborando horóscopo, praticamente jogam com a vida de pessoas.

O que mais impressiona, no entanto, não é esse alto interesse e o volume da correspondência. Na realidade, chama atenção o nível intelectual e social dos autores dessas cartas que mostram, na sua maioria, pertencer às camadas mais altas da população. São profissionais liberais, pessoas de cultura acima da média, todas interessadas em buscar orientação e explicações para o seu cotidiano, suas inquietações e um pouco mais de esperança para o seu próprio futuro.

O horóscopo é, numa conceituação mais objetiva, segundo definição do pesquisador norte-americano

Dal Lee, "a carta de observação da hora", e serve de indicador da hora do nascimento de uma pessoa e sua posição dentro de um determinado quadro de visão estelar indicado pela posição dos planetas no zodíaco. Hoje, o horóscopo se confunde com a própria astrologia, tal foi a sua difusão no mundo ocidental.

Diariamente, são publicados milhares de previsões que, na verdade, significam apenas entretenimento, sem maior responsabilidade com a exatidão de seus conselhos e conclusões. Linda Goodman, no livro *Seu futuro astrológico*, diz que o horóscopo é "uma fotografia da posição exata de todos os planetas no céu na hora de seu nascimento, formada por cálculos precisos e matemáticos", definição também sustentada por Frances Sakoian e Louis S. Acker, em *O manual do astrólogo*.

Em resumo, pode-se dizer que horóscopo é a carta de características ou previsões baseada na hora e data de nascimento de uma pessoa.

O enigmático zodíaco

Originária dos estudos dos povos da Mesopotâmia que há cinco mil anos já conheciam as suas bases, ainda que de forma incipiente, a astrologia ganhou importância entre os caldeus, assírios e sumérios, povos que deram ao estudo dos astros e à sua influência um caráter mágico e bases que o tornavam uma verdadeira "ciência", à época.

Vem daí a concepção moderna de zodíaco, nome dado pelos gregos ao círculo planetário que determinava os períodos e eras nos quais se baseavam os estudos dos povos mais antigos. Na época, os gregos chamaram "roda dos animais" ou "zodíaco" essa figura que retrata as 12 constelações pelas quais o Sol passa em seu movimento anual pela Via-Láctea.

Essa noção do zodíaco nos mostra um círculo com 12 divisões ou casas, estabelecidas ao longo da eclíptica, que é como se denomina esse movimento solar. Cada uma das 12 divisões se constitui num signo, ou seja, um período que compreende trinta graus do círculo e se aproxima do mês no calendário comum.

A primeira divisão inicia-se habitualmente em 21 de março, o primeiro dia do ano astrológico. Os signos do zodíaco seguem ordem crescente a partir de Áries até Peixes. Essa divisão serve para todos os estudos astrológicos mais aprofundados, situando o nascimento de uma pessoa num determinado espaço de tempo e vinculando-o ao movimento do Sol.

Os signos

Divisões do zodíaco, os signos receberam nomes de constelações conhecidas na Antigüidade e foram agrupados em períodos de 30 graus em média, cada grau representando um dia. Com nomes usados à época, os signos acabaram por receber no Ocidente os nomes gregos ou seus correspondentes em Roma.

Eram denominações comuns a constelações conhecidas desde a Antigüidade: Áries, Touro, Gêmeos, Câncer, Leão, Virgem, Libra ou Balança, Escorpião, Sagitário, Capricórnio, Aquário e Peixes.

Agrupados por elementos — os quatro fundamentais na vida: fogo, terra, ar e água —, os signos foram divididos em três grupos para cada um desses elementos que representam as formas de energia que constituem a base da vida na Terra.

São do elemento fogo: Áries, Leão e Sagitário. Do elemento terra, Touro, Virgem e Capricórnio; do ar, Gêmeos, Libra e Aquário; e da água, Câncer, Escorpião e Peixes. Essa vinculação dos signos aos quatro elementos é de fundamental importância para a análise das características individuais das pessoas.

Os signos são também classificados por sua vibração nos elementos: ígnea, terrestre, aérea e aquosa. Assim, passam a governar o comportamento humano mantendo uma vinculação estreita com as características desses elementos.

Dessa forma, pode-se dizer em relação a cada um dos grupos de signos: os de fogo nos falam dos conceitos de "construção do mundo", pois criar e construir são as bases de Áries, Leão e Sagitário. O nosso "destino como espécie" se refere aos signos da terra — Touro, Virgem e Capricórnio. O "temperamento" do ser humano é vinculado diretamente aos signos do ar — Gêmeos, Libra e Aquário. Os três que compõem o grupo de signos da água: Câncer, Escorpião e Peixes dizem de nosso "caráter".

Por sua ligação com os elementos vitais de todos os seres, a astrologia nos revela que a posição dos astros e sua influência na natureza moldam ou governam, de forma quase determinante, as características dos seres humanos. Na verdade, muito do que somos devemos ao elemento que agrupa nosso signo, e isso é bem fácil de constatar:

Signos do fogo — Representam na vida terrena a luz, o brilho, o calor e a secura, além de dispersão, fervor, dominação, audácia, agressividade, mobilidade e tudo o que se refere ao fogo como base da vida humana.

Vinculados à história da própria espécie humana, esses signos falam da criação, buscando paralelo entre a origem na bola de fogo que era a Terra em sua origem. Por isso, se diz que Áries é um signo criador, explosivo e temperamental. Que Leão é exibicionista, realizador, quente e explosivo, e que Sagitário é libertário, natural, pouco comedido e brilhante.

Signos da terra — Resultado do esfriamento da crosta do planeta, o elemento terra nos mostra o que é concreto, palpável, petrificado. Lembra a rigidez, a constância, a laboriosidade, a prudência, a dúvida, a fecundidade, a secura e a absorção, todos conceitos ligados às características de nosso próprio planeta, um corpo estelar que se solidifica com o esfriamento e a constância de seu movimento pelo espaço.

Daí a conceituação de que os nativos dos três signos deste elemento são os mais realistas dos seres humanos. Touro é lento, comedido, parcimonioso, constante e teimoso. Virgem é detalhista, sensível, sóbrio, escrupuloso e racional, e Capricórnio nos mostra persistência, determinação, aceitação e severidade.

Signos do ar — Fluido e etéreo, o ar nos passa sempre a impressão de elemento úmido, instável e pouco palpável, representando os aspectos mentais e intelectuais do ser humano, suas idéias, pensamentos e conceitos. Por isso, o ar, terceiro dos elementos da natureza, nos leva à euforia, ao equilíbrio, ao humor, à instabilidade, à sutileza e à adaptação.

Os atributos humanos relacionados aos sentimentos vinculam-se a essas características. Mutável por ser elemento gasoso, o ar transmite aos signos o caráter etéreo e sonhador. Assim, se diz que Gêmeos é inquieto, curioso, dúbio, agitado e mutável; que Libra é equilibrado, harmônico, conciliador e pacífico e que Aquário é sensível, inventivo, fantasista e idealista.

Signos da água — Suave, receptiva, moldável e aderente, a água, quarto dos elementos que formam a natureza terrestre, dá aos signos que agrupa os elementos próprios de sua constituição. Vital para a sobrevivência dos seres vivos, está ligada aos sonhos, fantasias, desejos, emoções, família, origens e à criação quando vista pelo ângulo sexual.

Isso explica por que Câncer lembra fecundidade, memória, inteligência sensorial e imaginação. Escorpião é a representação dos instintos, sexo, indisciplina e violência, e Peixes nos mostra o lado místico, mediúnico, a bondade e a compaixão nos seres humanos.

Termos-chave da astrologia

A astrologia emprega algumas expressões que fazem parte do nosso vocabulário cotidiano, porém, conferindo-lhes um sentido diferente. Isso caracteriza a astrologia como estudo autônomo e torna importante o seu conhecimento para que possamos definir melhor as nossas próprias concepções sobre essa área:

Arietino — Diz do nativo de Áries. Popularmente, é empregada a denominação "ariano" para o nativo do signo, termo que, no entanto, designa a pessoa da raça ariana e não aquela que nasce entre 21 de março e 20 de abril.

Arquétipo — O conceito de arquétipo foi introduzido na astrologia pelo psicanalista Carl Gustav Jung. Para essa figura fundamental na psicanálise, "os planetas são arquétipos para a raça humana e todos nós reagimos a eles de modo semelhante, embora diferente no que diz respeito a detalhes". Diz a história que Jung só analisava seus pacientes após fazer o mapa astral de cada um deles.

Ascendente — Ascendente é a característica do signo determinada pelo planeta que, no momento do nascimento de um indivíduo, ascende ao céu na linha do horizonte. Para encontrá-lo, é essencial conhecer com exatidão a hora do nascimento, com diferença máxima de alguns minutos. O mapa astral de uma pessoa é determinado por três quadros diferentes: a *individualidade*, fixada pelo Sol no dia do nascimento; a *personalidade*, governada pela Lua na data em que a pessoa vem à vida; e o *temperamento*, que é determinado pelo signo ascendente. O ascendente é o fator pelo qual a pessoa revela o seu "ego".

Aspectos — Os aspectos são as posições de planetas nas casas de um mapa astral e, por isso, fundamentais na análise astrológica das características de uma pessoa. Eles são denominados de acordo com a figura geométrica que formam no mapa, uns em relação aos outros. O mapa tem a forma circular e é dividido em 360 graus, que representam os doze signos e as doze casas do zodíaco. Quando encontramos um planeta ou corpo celeste em um determinado lugar, analisamos sua posição em relação aos demais corpos celestes e a influência que essa posição exerce sobre um signo. A isso se chama aspecto. Os mais comuns são: **Conjunção**, quando dois ou mais astros estão no mesmo grau, sem diferença de um para o outro, praticamente juntos, daí a expressão conjunção, que simboliza a ênfase em determinada influência. **Sêxtil**, quando existe entre um astro e outro uma distância de 60 graus. Este aspecto ocorre com dois astros e simboliza uma oportunidade para o signo analisado. **Quadratura** é a posição de astros formando um quadrado no mapa, com linhas em ângulos de 90 graus de distância entre um e outro. Simboliza um desafio para o nativo. **Trígono** é a formação de três planetas ou o Sol e a Lua formando um triângulo no mapa, com posições de 120 graus entre um e outro. Simboliza um fluxo de determinada força para aquele signo ou pessoa. **Oposição** é quando dois astros se colocam a 180 graus um do outro, simbolizando a percepção de determinadas forças que esses corpos governam. Existem outros aspectos que não têm tanta significação. Todos podem ser positivos ou negativos, embora alguns tenham carga maior em um ou outro sentido, dependendo do mapa geral.

Balança — Nome por vezes dado ao signo de Libra e que nos lembra o símbolo deste signo, que se aproxima de uma balança, representando o meio do céu, o equilíbrio, a contar do primeiro signo, Áries. Denomina uma das primeiras constelações identificadas pelo ser humano.

Câncer — É o quarto signo, também conhecido por Caranguejo, que traz a simbologia e a denominação da constelação que tem este nome.

Capricórnio — O décimo signo tem sua denominação ligada à constelação da Cabra ou de Capricórnio, situada no alto do céu.

Características — Representam, em astrologia, traços ou inclinações pessoais de cada um de nós. Não pode ser confundida com caráter, que diz de moral e de formação, sugerindo uma interação da pessoa com o seu mundo. As características podem ser determinadas pela análise astrológica. Mas elas se revelam moldadas pelo caráter, o que nos faz diferentes. Uma pessoa pode ter características iguais a outra e ambas agirem de forma distinta quando postas diante de impulsos diferenciados.

Casa — É cada uma das divisões do zodíaco, embora tenha acepções diferentes na análise astrológica. Para este estudo, vale a concepção de que o zodíaco é dividido em 12 grandes casas representando os signos que, por sua vez, se dividem em 30 graus, correspondendo aos dias.

Constelações — É o nome dado a um grupo de estrelas e tem quase o mesmo sentido tanto na astrologia quanto na astronomia. Usamos na astrologia a denominação de constelações para os agrupamentos de estrelas que foram observados pelos caldeus e sistematizados pelos gregos, especialmente por Hiparco, o descobridor do fenômeno denominado *precessão*. Hoje, a denominação "constelação" para a astrologia não têm a mesma significação que para a astronomia. Na astrologia ocidental, aceitamos a tradição de denominar um signo pelas constelações que eram observáveis na Antigüidade. Por isso, quando dizemos que um determinado planeta está em Capricórnio ou em

Libra (Balança), não queremos afirmar que ele está na mesma posição no céu que os corpos que formam aquela determinada constelação como vista pelos astrônomos. Afirmamos, isto sim, que ele está na área do zodíaco ou do mapa astral que tem o nome daquele conjunto de estrelas e planetas.

Cúspide — É um fenômeno tipicamente astrológico e refere-se à pessoa que nasce em dia próximo à mudança do signo ou no próprio dia da mudança de regência solar. Como a entrada do Sol em determinado signo muda em função da posição da Terra em seus movimentos de translação e precessão, como determinar o signo de uma pessoa que, por exemplo, nasceu no dia 20 de março, num ano em que o Sol entrou em Áries nessa data? Habitualmente, o Sol entra em Áries em 21 de março, mas, acompanhando o movimento da Terra e os conceitos astronômicos, prevalece, para a determinação do signo, o exato instante em que começa a regência do Sol sobre o signo. No caso em questão, a pessoa será arietina e não pisciana.

Decanato — É a distância de dez graus de um signo. Todos os signos têm três decanatos. O primeiro é contado a partir do primeiro até o décimo grau; o segundo, do décimo primeiro ao vigésimo; e o terceiro, do vigésimo primeiro ao trigésimo grau. Diz-se em astrologia que cada decanato revela uma influência específica que deve ser considerada na análise de características. O primeiro decanato é influenciado fortemente pelo signo anterior. O segundo mostra características específicas, ditas puras, do próprio signo. O terceiro já recebe influência do signo seguinte. Assim, por exemplo, uma pessoa nascida no primeiro decanato de Leão, apesar de leonina, vai incorporar ao seu modo de ser alguns dos elementos do signo de Câncer que antecede o seu. Num exemplo prático desse caso, ela poderá somar um pouco de tradicionalismo canceriano à exuberância leonina.

Elementos — O conceito é dos mais antigos na história da humanidade e deu origem às primeiras manifestações de fundo religioso entre os homens. Ele nos diz do fogo, da terra, do ar e da água. Cada um desses elementos, considerados fundamentais na formação da vida, governa três signos aos quais transmitem algumas de suas características básicas e essenciais. O *fogo*, primeiro desses elementos, tem uma presença forte na história do homem e foi, para os primeiros hominídeos, o seu "deus". Ele passa aos seus signos — Áries, Leão e Sagitário — o calor, a natureza ígnea, a construção e a agressividade. A *terra* é o segundo dos elementos da natureza e governa os signos de Touro, Virgem e Capricórnio, exatamente os que falam de destino, da rigidez, da constância e da fecundidade. O *ar* é o terceiro elemento e nos revela o temperamento aéreo e sonhador, o humor e a flexibilidade que dão aos signos de Gêmeos, Libra e Aquário essas características. E, por fim, a *água*, elemento da natureza relativo ao caráter fluente, à brandura, à impressionabilidade e à aderência, que fazem de Câncer, Escorpião e Peixes os chamados signos do caráter.

Grau — É a tricentésima sexagésima parte de uma circunferência. O zodíaco é, geometricamente, uma circunferência, formada por 360 graus, cada grau revelando um dia. Assim, cada signo tem, em média, 30 graus que são percorridos pelo Sol em seus movimentos de rotação e translação.

Horóscopo — É o que diz da observação, sob a ótica do quadro planetário, da hora e da data em que uma pessoa nasceu. Hoje, é um dos mais populares tipos de entretenimento fundamentado em algumas considerações e conceitos da moderna astrologia. Alguns horóscopos trazem previsões de acordo com as características específicas do signo. Mas não se pode considerar um horóscopo com seriedade maior que a dispensada a uma distração. Não é possível, em termos astrológicos, fazer-se previsão astrológica genérica igual para todos os nativos de um mesmo signo. É o elemento mais importante na difusão da astrologia.

Latitude e Longitude — Têm a mesma concepção da astronomia. Servem para determinar geográfica e eclipticamente o local exato de nascimento de uma pessoa, base de cálculo do signo ascendente e do mapa astral.

Qualidades — Cada um dos signos apresenta uma *qualidade*, que é a manifestação para que se expresse e se movimente. Três são as qualidades dos signos: cardinal, fixa e mutável. Os signos da qualidade cardinal são Áries, Capricórnio, Câncer e Libra, dos quais se destacam os princípios de energia aplicada à expansão e à liberação, representados pela iniciativa, o novo e a ação. Os da qualidade fixa são Leão, Aquário, Touro e Escorpião e deles se diz que representam a necessidade de se conter a energia com estabilidade, concentração, paciência e persistência, representadas pela noção de segurança. E, finalmente, os da qualidade mutável são os signos de Sagitário, Virgem, Gêmeos e Peixes, aos quais se atribui a reciclagem e o reaproveitamento da energia, donde vem a noção de versatilidade, adaptação e flexibilidade, representando a mudança.

Planetas — Em astrologia, a concepção de planeta é diferente da significação astronômica do termo. Ela engloba corpos celestes, não importando se estrela, planeta ou satélite. Assim é o caso do Sol, da Lua e de Vênus, por exemplo. Uma das maiores críticas à astrologia é feita exatamente a essa concepção, que considera a Lua um planeta.

Polaridade — A polaridade refere-se aos pólos positivo e elétrico ou negativo e magnético, com que são classificados os signos. Essa classificação não acompanha a divisão exata dos signos. Dessa forma, todos os signos apresentam nativos com as duas polaridades. Para uma classificação mais simples, pode-se dividir o zodíaco em períodos de polaridade positiva ou negativa, dependendo do signo, de acordo com a seguinte tabela, que aponta os dias do ano em que determinada polaridade prevalece, independentemente do signo em que nascemos:

Polaridade positiva	Polaridade negativa
de 6 de março a 5 de abril	de 6 de abril a 5 de maio
de 6 de maio a 5 de junho	de 6 de junho a 5 de julho
de 6 de julho a 6 de agosto	de 7 de agosto a 6 de setembro
de 7 de setembro a 6 de outubro	de 7 de outubro a 5 de novembro
de 6 de novembro a 5 de dezembro	de 6 de dezembro a 5 de janeiro
de 6 de janeiro a 5 de fevereiro	de 6 de fevereiro a 5 de março

Com base nessa classificação, pode-se afirmar se uma pessoa se liga, na natureza, a forças positivas ou elétricas, mostrando-se ativa, expressionável e dominante ou, ao contrário, se ela é magnética ou negativa, revelando em sua maneira de ser um caráter dormente, silencioso e pensativo. Isso explica, em certo sentido, algumas diferenças encontradas na análise do temperamento, que é diferente entre pessoas do mesmo signo.

Regência — A referência ao termo diz da regência planetária que foi organizada por Ptolomeu, o astrônomo e astrólogo grego que sistematizou a astrologia ocidental. Ptolomeu deu a cada signo um *regente*, planeta que podia ser observado à sua época. A regência criada por Ptolomeu permaneceu inalterada até a descoberta de Urano por William Herschel, em

1781. Daí por diante, este planeta substituiu Saturno na regência de Aquário. O mesmo aconteceu quando da descoberta de Netuno em 1846 pelo astrônomo alemão Galle, que seguiu os cálculos do matemático francês Le Verrier. Netuno passou a reger Peixes no lugar de Júpiter. Isso deu origem ao sistema de co-regência em diversos signos. Há críticas a esse sistema que alguns consideram meramente indicativo e citam, como exemplo, a incongruência da regência de Saturno em Capricórnio. Saturno foi considerado durante muito tempo o "grande maléfico" do zodíaco e o planeta da morte, o que não se coaduna com Capricórnio, o signo da honra e da fama.

Signo — Nome dado às divisões do zodíaco, cada uma delas compreendendo 30 graus. Os signos começam com Áries, cuja data inicial coincide com a entrada do Sol no outono do hemisfério sul e da primavera no hemisfério norte. O início da regência de um signo é mutável pela impossibilidade de coincidência do ano solar civil com a divisão astrológica do zodíaco em 360 graus. São as seguintes as datas-padrão de vigência de um signo:

Áries — 21 de março a 20 de abril
Touro — 21 de abril a 20 de maio
Gêmeos — 21 de maio a 20 de junho
Câncer — 21 de junho a 20 de julho
Leão — 21 de julho a 22 de agosto
Virgem — 23 de agosto a 22 de setembro

Libra — 23 de setembro a 22 de outubro
Escorpião — 23 de outubro a 21 de novembro
Sagitário — 22 de novembro a 21 de dezembro
Capricórnio — 22 de dezembro a 20 de janeiro
Aquário — 21 de janeiro a 19 de fevereiro
Peixes — 20 de fevereiro a 20 de março

Essas datas mostram variação de ano a ano. Para os astrólogos que adotam um calendário mais ou menos fixo, elas também variam.

Símbolos — Cada signo guarda uma simbologia, e os astrólogos usam interpretações pessoais para essa representação prática. A mais popular, no entanto, é a que classifica os signos da seguinte forma:

Áries — Mudança, criação, impetuosidade
Touro — Segurança, realismo, integração
Gêmeos — Inquietude, habilidade, dualidade
Câncer — Fecundidade, memória, intuição
Leão — Ambição, força, teatralidade
Virgem — Assimilação, sensibilidade, observação
Libra — Equilíbrio, conciliação, absorção
Escorpião — Instinto, extremismo, perspicácia
Sagitário — Aventura, independência, crítica
Capricórnio — Perseverança, discriminação, severidade
Aquário — Fantasia, lealdade, antecipação
Peixes — Mediunidade, compaixão, sacrifício

Trânsito — É o movimento de um planeta sobre as casas do zodíaco, passando de um signo a outro em movimento direto ou retrógrado entre Áries e Peixes. Conhecido também por *passagem*, o trânsito é calculado por meio de uma tábua planetária de posição dos astros. Por ele se formam os aspectos.

Zodíaco — Na definição mais comumente aceita são as 12 divisões do céu, estabelecidas ao longo da eclíptica, onde o zodíaco alcança 8 graus acima e 8 graus abaixo. A palavra vem do grego e significa "a roda dos animais" por representar os animais que denominam as 12 constelações pelas quais o Sol passa em seu movimento anual em torno de seu próprio eixo. O Sol leva cerca de trinta dias em cada uma dessas constelações. Há autores, no entanto, que vinculam a denominação à sistematização da astrologia feita pelos caldeus.

A natureza e a astrologia

Um dos mais impressionantes vínculos entre a astrologia e a vida surge da comparação entre o ciclo evolutivo de um ser vivo com o zodíaco e os signos. Dizem os estudiosos dessa teoria que cada signo guarda em si um elemento fundamental que representa um estágio da natureza. Daí o paralelo entre o ciclo vital de uma planta, por exemplo, e as casas do zodíaco. Por esses estudos que explicitam bem as características do ser humano, pode-se dizer o seguinte:

Áries ♈ O primeiro dos signos está vinculado ao momento do nascimento, da explosão da semente que começa seu ciclo de vida. É a força criadora que nasce com o ser.

Touro ♉ Este signo mostra o instante em que o ser toma contato com a terra e se situa fora do casulo, útero ou invólucro-matriz.

Gêmeos ♊ É representado pelo instante em que, deixando a terra, o braço materno, e assomando à superfície, o ser não sabe o que é e a que veio, buscando definições.

Câncer ♋ Indeciso, o ser se volta a suas origens em busca de respostas e se prende à matriz que o gerou, valorizando aquilo que é a sua história.

Leão ♌ Seguro de sua existência no mundo, o ser busca mostrar-se, aparecer, fazer-se notado e se acredita dono de tudo a seu redor.

Virgem ♍ Neste momento da evolução, o ser que até então vivia intuitivamente passa a notar detalhes e cuidar-se, buscando aparência e critérios.

Libra ♎ Atingindo, neste signo, o ponto máximo do crescimento, o ser se equilibra em relação aos que o cercam e molda a aceitação da decadência daí por diante.

Escorpião ♏ Neste estágio, o ser busca a continuidade e faz do sexo e da emoção os seus mais importantes dons. Nas plantas, é o pólen que fecunda.

Sagitário ♐ Experimentado, o ser busca a liberdade à sua volta e tece a interpretação de seu mundo relacionando-se a ele.

Capricórnio ♑ A vida leva o ser neste instante à persistência, ao trabalho e à determinação. Sábio, ele usará de sua experiência em busca da sobrevivência.

Aquário ♒ Como a velha sequóia, o ser vê próximo o fim e se dá conta de que há um futuro e sobre ele devaneia, sonha e projeta-se para o amanhã.

Peixes ♓ É o instante em que a morte se aproxima e o ser se faz semente de novo, buscando a preparação para o renascimento.

Essa vinculação de características de um signo com a natureza explica muito do temperamento encontrado nas pessoas que nascem sob um mesmo signo. Em razão disso, podemos afirmar que todo arietino é criador; o taurino é realista e tem os pés no chão; o geminiano é curioso e dúbio; todo canceriano é romântico e apegado à origem; o leonino é exibicionista e dominador; o virgiano é detalhista; o libriano é justo e equilibrado; o escorpiano é violento, vingativo e sensual; o sagitariano é ansioso pela liberdade e crítico; o capricorniano é diligente e persistente; o aquariano é incompreendido e avançado em seu tempo; e o pisciano é espiritualista, bondoso e voltado para o psiquismo.

De forma bastante curiosa, nota-se, em relação a cada um dos signos, a existência desse tipo de característica ligada à natureza. Essa observação, feita pela análise de personalidades de dezenas de nativos de cada um dos signos, foi comprovada em estudos recentes de astrólogos que vêm se filiando a essa nova corrente da astrologia ocidental.

A influência da Lua

Dispondo o analista dos elementos da característica astrológica para uma pessoa em dois signos — o solar e o ascendente — deve combiná-los com os do **signo lunar**, levando em conta a regência da Lua em cada um dos signos, que pode ser assim resumida:

Áries — Lembra e favorece as atividades ligadas às armas e à guerra, representando, com isso, a ação dos militares. Na vida comum, refere-se ao trabalho com o ferro e o fogo, à cirurgia e aos empreendimentos e a tudo o que demande esforço. Lembra a forja e o ferro derretido.

Touro — A influência lunar em Touro se liga a atividades de controle e de finanças, aos assuntos relacionados ao comércio, especialmente o de jóias, às diversões, à moda e às artes. Lembra sempre a construção.

Gêmeos — Neste caso, a Lua influencia tudo o que se relaciona às viagens, à propaganda e ao jornalismo em todas as suas formas. Diz de mudanças e dos negócios com imóveis. Fala-nos sempre do que é escrito.

Câncer — A Lua no seu próprio signo nos remete a uma influência direta sobre o líquido, o movimento pela água, os processos, a atuação financeira do homem em empréstimos e a psicometria. Representa a fluidez.

Leão — A Lua em Leão nos revela influência sobre as empresas e empreendimentos que nos são úteis, governando também as especulações. Neste aspecto, estão presentes as amizades e festas. Lembra a vida social.

Virgem — A influência da Lua, quando neste signo, se dá sobre os negócios com dinheiro, quando envolvem bancos, e também sobre o comércio, os imóveis e as ciências. Ela nos fala sempre da instrução.

Libra — Quando em Libra, a Lua revela influência sobre todos os nossos compromissos e controla o trato com jóias, a publicidade, os assuntos religiosos, as artes e as viagens por terra e à longa distância. Ela mostra responsabilidade.

Escorpião — Na sua passagem por Escorpião, a Lua rege a persistência e a determinação do ser humano, revelando a sua coragem e dirigindo os assuntos ligados à química. Lembra a fusão dos elementos.

Sagitário — A regência lunar neste signo mostra uma influência determinante sobre conceitos de honestidade e de prudência. As matérias jurídicas, as finanças e os estudos também sofrem sua influência.

Capricórnio — Quando transita por Capricórnio, a Lua governa o nosso conceito de propriedade, atuando sobre os frutos da terra, a política e os orçamentos econômicos, falando-nos da maneira de ter para o amanhã.

Aquário — Em Aquário, a Lua dirige a agricultura, a construção quando vista pelo ângulo do engenho humano, a eletricidade, as invenções e as experiências, setores que lembram avanço e descoberta.

Peixes — No último signo, a influência lunar se faz presente sobre todos os contratos já iniciados e não concluídos e sobre as viagens e as mudanças de vida. A Lua nos fala, neste caso, da filantropia em todas as suas formas.

Os elementos

Conhecendo-se dessa forma as diferentes influências que se fazem sobre cada signo e a maioria dos elementos comuns da astrologia ocidental, é possível combinarem-se traços de comportamento, temperamento e personalidade, que vão dar um perfil o mais aproximado possível da realidade, da personalidade e da maneira de ser de cada um de nós.

Para isso, devemos sempre interpretar esses dados combinando-os com outros já detalhados, mas levando em conta um dado fundamental na nossa formação como seres pensantes e dotados de inteligência: os elementos básicos da vida.

Baseados nas quatro formas da energia e nas suas mais simples manifestações, esses elementos basicamente refletem tudo o que conhecemos e sabemos sobre nossa presença no planeta Terra. Antes de qualquer interpretação sobre uma pessoa, é importante se determinar o seu elemento, pois ela vai refletir, em sua maneira de ser, um deles, da seguinte forma:

Signos do fogo (Áries, Leão e Sagitário) — Os nativos de qualquer um desses três signos vão revelar um temperamento que nos lembra sempre a chama, o fogo ardendo, a explosão de luzes e de calor numa fogueira. Há que se destacar o fato de que a própria Terra, o nosso planeta, surgiu de matéria ígnea, uma verdadeira bola de fogo que esfriou com o passar das eras. Daí reafirmarmos que este é o elemento-chave nos nativos que vivem pela conquista e pela criação, em reflexo de tudo o que os simboliza na natureza, o fogo inicial da vida.

Signos da terra (Touro, Virgem e Capricórnio) — As características dos nativos destes signos, governados pelo elemento terra, mostram a estabilidade e a permanência típicos do solo do planeta em que vivemos. Seu temperamento, por isso, é mais estável e seguro, concreto e palpável como tudo o que compõe, na natureza, a superfície, o chão que pisamos. Nisso há muito de estabilidade e segurança, que são pontos a se destacar na forma de ser, pensar e agir de taurinos, virgianos e capricornianos.

Signos do ar (Gêmeos, Libra e Aquário) — Para os nativos destes três signos, há que se lembrar sempre o etéreo e impalpável ar que nos cerca e nos é essencial à vida. Este elemento revela o caráter também não material do pensamento, a maior força criadora de que dispõe o ser humano. Nossa imaginação, nossos sonhos e aspirações e as idéias que nos conduzem têm o mesmo traço impalpável do elemento que governa o signo. Por isso se ligam à valorização do espírito e da mente e ao desapego à matéria.

Signos da água (Câncer, Escorpião e Peixes) — Para os nativos dos signos da água vale o conceito de que este elemento, por sua própria característica, é essencial à formação da vida, preso ao sentido de existência, de berço e lar. Isso faz com que sejam cancerianos, escorpianos e piscianos os que mais se relacionam com seu próprio ambiente, vivendo-o com intensidade e expressando, nas emoções e na maneira de sentir ou se moldar, o mundo em que vivem. Daí o sentido de adaptação ao ambiente que os destaca na sua forma de agir.

Os decanatos

Um outro fator que contribui, em proporção tanto maior quanto mais próxima for da mudança de signo, é a chamada "teoria dos decanatos", segundo a qual os nativos do primeiro decanato, isto é, aqueles que nascem entre o primeiro e o décimo dia de um signo, sofrem influência do signo anterior àquele em que se encontrava o Sol no nascimento da pessoa. Os que nascem no segundo decanato, do décimo primeiro ao vigésimo dia do signo, são os que apresentam maior pureza nas características de seu signo e os nativos do terceiro e último decanato, isto é, no período do vigésimo primeiro ao trigésimo ou trigésimo primeiro dia do signo, sofrem influência do signo posterior, podendo ser classificados da seguinte forma, de acordo com cada um dos decanatos:

1º decanato	2º decanato	3º decanato
Áries-Peixes	Áries-puro	Áries-Touro
Touro-Áries	Touro-puro	Touro-Gêmeos
Gêmeos-Touro	Gêmeos-puro	Gêmeos-Câncer
Câncer-Gêmeos	Câncer-puro	Câncer-Leão
Leão-Câncer	Leão-puro	Leão-Virgem
Virgem-Leão	Virgem-puro	Virgem-Libra
Libra-Virgem	Libra-puro	Libra-Escorpião
Escorpião-Libra	Escorpião-puro	Escorpião-Sagitário
Sagitário-Escorpião	Sagitário-puro	Sagitário-Capricórnio
Capricórnio-Sagitário	Capricórnio-puro	Capricórnio-Aquário
Aquário-Capricórnio	Aquário-puro	Aquário-Peixes
Peixes-Aquário	Peixes-puro	Peixes-Áries

A combinação de decanatos com os demais elementos da análise de características nos dá mais um dado a somar nesse estudo de nossa personalidade. Em linhas gerais, essa combinação de decanatos que figura em cada um dos signos nos revela um importante elemento na análise do que somos.

O que significam os planetas

Sol Detém o princípio da vida e representa calor, luz e irradiação. Na astrologia, é associado à juventude, ao poder e à virilidade. O coração e o cérebro o retratam, e ele nos diz de vocação, generosidade, heroísmo, da ética e da irradiação de todos esses elementos.

Lua O nosso satélite governa o princípio matriarcal da fecundidade e exprime as artes, a imaginação e o romantismo. Sua ligação em nossas vidas nos fala da mãe, da irmã e da filha, figuras sintetizadas em sua imagem. Lembra primitivismo, poesia, lirismo, casa e vida doméstica.

Marte É o planeta da guerra, da luta, da conquista e do domínio. Sua simbologia nos fala de violência, polêmica, militarismo e emboscada. A paixão é o sentimento que nele encontra maior ressonância. É o planeta do começo da idade madura e os desejos humanos são controlados por ele.

Vênus ♀ O planeta que fala da beleza nos lembra a mulher, a juventude, o amor e a ternura. É o governante, na astrologia, dos princípios de fusão e atração, atuando sobre os artistas, o sexo, a dança, o canto, a sensibilidade e a estética. Nele estão presentes o luxo, a paz e a beleza.

Mercúrio ☿ O planeta do viajante governa o movimento, fala da adolescência, da natureza flexível no ser humano e nos lembra o jornalismo, o comércio, a literatura, o desenho e as viagens. No nosso organismo, atua principalmente sobre o sistema nervoso, além de controlar a respiração.

Júpiter ♃ É o planeta que governa o princípio da expansão, a coordenação e a ordem. Sob sua influência, se revelam a autoridade e a natureza jovial e extrovertida nos seres humanos. Ele nos diz do bem-estar, da obesidade, da justiça e do senso de humor.

Saturno ♄ O velho "grande maléfico", ao contrário de Júpiter, governa a sabedoria dos mais vividos e idosos, a prudência e a tradição. Fala-nos da avidez e de ciúme, além dos princípios de concentração, abstração e inércia. É o planeta do conservadorismo, do trabalho e da renúncia.

Urano ♅ Para nós, humanos, dirige o princípio do fogo universal, a tensão e a ereção, destacando-se, por isso, como o planeta da conduta, da inteligência, do progresso e da rebeldia. Ele nos fala também de técnica, da aspiração do absoluto, do caráter dos seres e da ação.

Plutão ♇ No que se refere a este planeta, a transformação, a transmutação e a destruição são os elementos mais presentes. Ele governa a morte e a mediunidade, a mente analítica e a sexualidade, as grandes disputas e a espionagem. No seu campo, se colocam também o escuro e o invisível.

Netuno ♆ É o planeta que guarda em si o princípio primordial da existência, a água. Por isso, governa a inteligência sensitiva, as manifestações primárias do instinto. Liga-se à integração universal, à sensibilidade, ao anarquismo e à esquizofrenia. É o símbolo do coletivismo.

O dia da semana

Outro elemento com que podemos trabalhar para a determinação das características astrológicas que fazem nossa personalidade é o dia da semana em que nascemos. Isso pode ser descoberto em calendários perpétuos de agendas comuns ou nas tabelas de publicações especializadas. Estas são as características encontradas para a pessoa, de acordo com o dia da semana de seu nascimento:

Domingo — Dia regido pelo Sol, mostra para os seus nativos um forte sentido de alegria com a vida. Materialmente, obtêm lucro em qualquer atividade. Têm uma vida longa e agem com otimismo e determinação na busca do sucesso.

Segunda-feira — É o dia da Lua na regência astrológica. Seus nativos são generosos e afáveis, possuem raro tirocínio para negócios e só não obtêm êxito devido à sua excessiva boa-fé. São, com freqüência, pessoas muito amáveis.

Terça-feira — O dia de Marte e de Plutão mostra para os seus nativos um temperamento forte e colérico, que faz com que a pessoa chegue fácil à violência, expondo-se, por isso, a acidentes. São dominadores e têm magnetismo pessoal.

Quarta-feira — É o dia da semana dedicado a Mercúrio. Os nascidos neste dia são pessoas calmas, sociáveis, estudiosas e inclinadas às artes e ciências. Estão sujeitas a contrariedades financeiras e sentimentais ao longo de suas vidas.

Quinta-feira — Dia de Júpiter. Há uma clara indicação de que os os seus nativos são humanitaristas e muito alegres, sempre prontos a ajudar os que carecem de apoio e proteção. O seu êxito, habitualmente, vem da ajuda de amigos e pessoas próximas.

Sexta-feira — Este é o dia de Vênus, planeta da beleza. Os nascidos neste dia têm forte magnetismo, encontram caminho fácil para o sucesso e conquistam, não raro, verdadeiras fortunas. Mostram, pela influência de seu regente, forte inclinação para as artes.

Sábado — O dia de Saturno dá aos seus nativos elementos de melancolia e meditação, revelando também uma forte tendência ao retraimento. Seu progresso é lento, embora sejam muito inteligentes e capazes de assimilar tudo com facilidade.

Os ciclos e eras astrológicos

Um tema que tem empolgado tanto os estudiosos e pesquisadores de astrologia, como as pessoas comuns em todo o mundo, é o fim da Era de Peixes e as mudanças decorrentes deste término com a passagem para a Era de Aquário. Poucos porém, sabem, com exatidão, o que tal evento significa.

Da mesma forma que os movimentos de rotação do planeta Terra nos dão a noção de dias, horas, minutos e segundos e os movimentos de translação determinam os anos, décadas, séculos e milênios, existe também um movimento do Sistema Solar que, por ser de grande amplitude e extremamente longo, demorado, é quase imperceptível. Esse período, o assim chamado Grande Ano Sideral, perfaz um ciclo astrológico que, completo, dura cerca de 26 mil anos.

Na astrologia, esse ciclo é detalhado da mesma forma que o horóscopo comum, ou seja, é dividido em 12 casas, que correspondem aos 12 signos do zodíaco. Sua movimentação, porém, se faz na ordem inversa do percurso anual dos signos, indo de Peixes até Áries, no sentido dos ponteiros do relógio. Cada uma dessas divisões é denominada *era* e sua duração é de, aproximadamente, 2.160 anos. Quando uma nova era se inicia, temos uma mudança de regência no Sistema Solar.

Como é difícil identificar o ponto exato onde termina o período de regência de um signo e começa o seguinte, a data precisa da transição de uma era para outra tem sido quase impossível de ser determinada. Por esse motivo é que, atualmente, se observa como os astrólogos têm divergido acerca de quando realmente se iniciaria a Era de Aquário.

Esses grandes ciclos também exercem efeitos sobre a vida humana, porém, de forma muito mais abrangente. Estando cada era sob a regência de um determinado signo, a influência desse signo vai marcar, durante 2.160 anos, os acontecimentos, as descobertas, o desenvolvimento de idéias, os comportamentos, os valores, o relacionamento entre culturas, religiões, etc.

Devido à sua longa duração e à sua enorme amplitude, as eras interferem não somente na vida de cada pessoa, individualmente considerada, mas, principalmente, na evolução da espécie humana, em seu desenvolvimento intelectual e espiritual e na história das civilizações.

Os fatos registrados pelos arqueólogos, antropólogos e historiadores são a melhor comprovação da existência e das conseqüências desses ciclos.

As duas eras mais recentes são claramente identificadas por relatos escritos e orais dos povos que as vivenciaram: a Era de Touro, entre os anos 4511 a.C. e 2351 a.C., e a Era de Áries, que se encerrou com a chegada de um período de forte religiosidade, pouco antes do advento do Cristianismo.

Com a Era de Áries, entre 2351 e 191 a.C., a humanidade encerrava mais um Grande Ciclo Astrológico de 26 mil anos, quando o ser humano deixou para trás sua pré-história e desenvolveu o que se conhece como "civilização" em um sentido mais moderno.

Esse ciclo de aproximadamente 26 mil anos representou, portanto, o domínio do mundo físico e do corpo. A partir daí, preparou-se outro momento da evolução, que apontou para uma valorização do espírito sobre a matéria e, conseqüentemente, da mente sobre o corpo. Esse novo Grande Ciclo Astrológico se iniciou há pouco mais de dois mil anos e foi marcado pela entrada da humanidade na Era de Peixes.

Era de Touro
Aproximadamente de 4500 a.C. a 2350 a.C.

Com poucos registros escritos, conhecida principalmente por meio da transmissão oral, a primeira dessas eras astrológicas historicamente identificada, a Era de Touro, coincide com o surgimento de algumas das maiores civilizações da Antigüidade, a minóica, ou cretense, e a egípcia. Em Creta, surgiram lendas e mitos em torno de uma figura lendária, o rei Minos e o Minotauro. No Egito, às margens do fértil Nilo, com os faraós surgiram exemplos dos maiores avanços obtidos pelo ser humano até à época nos mais diferentes campos de atividade.

Em ambas as civilizações, da mesma forma como ocorria pelo mundo afora, uma figura assumia papel preponderante nos cultos, na economia, e na simbologia de seu próprio desenvolvimento: o *touro*, o mais sagrado e festejado dos animais, símbolo de profundas mudanças na vida do homem, que então se tornava sedentário, agricultor e pastor.

O homem estabelecia-se nos grandes vales, junto aos rios caudalosos da Europa, Oriente Médio e Ásia. A princípio, em sociedades com caráter nômade, cuja principal atividade era o pastoreio. Muitas ocorrências desse período estão narradas na Bíblia, no Antigo Testamento, na história de um povo semita, os hebreus, com suas 12 tribos.

Ao mesmo tempo, no Egito, surge a civilização dos faraós construtores de pirâmides, onde o deus Ápis — o touro sagrado — ocupa lugar de destaque entre os deuses da civilização das pirâmides. Também é dessa época o florescimento das grandes civilizações da Mesopotâmia.

Na ilha de Creta, adora-se o Minotauro (ser mitológico, com corpo de homem e cabeça de touro) e, da mesma forma, o touro constitui-se no principal elemento de culto. Igualmente, na Índia, o boi assume um caráter sagrado e se torna símbolo de veneração pública.

Por todo o mundo conhecido, firma-se o caráter civilizatório. O homem, agrupado agora em tribos de pastores que constantemente se deslocam em busca de melhores pastagens, cria os embriões das primeiras cidades, surgidas em torno de entrepostos, aguadas e oásis, todos vinculados à existência de pastagens e aguada para o gado.

Foi uma era de tranqüilidade em que predominaram como principais características a "paciência bovina", o espírito conservador, a confiança do ser humano em seu semelhante, o sentido da posse e o materialismo, todas elas típicas do signo de Touro.

Era de Áries
Aproximadamente de 2350 a.C. a 200 a.C.

Por volta do ano 2351 a.C. ocorre outra mudança, com o ingresso na chamada Era de Áries, dominada por Marte. Na história da civilização, caracteriza-se pelo surgimento de sociedades guerreiras, já então sedentárias, donas de terras e que fizeram das armas, da ciência, da guerra e da luta física o seu objetivo.

Dominado o pastoreio e estabelecidos os primeiros elementos de riqueza individual com o aparecimento dos conceitos de "propriedade" e de "território", o ser humano se mostra apto a ingressar em uma nova fase de sua evolução. A espécie já se espalhara o bastante para que pudesse se iniciar um novo ciclo, agora regido por Ares, o deus da guerra.

O domínio das sociedades militarizadas, que se contrapõem ao modo de vida quase rural e tranqüilo da era anterior, revela claramente as influências astrológicas dos seus respectivos regentes. Se Touro, regente do ciclo anterior, sugeria uma sociedade pastoril, tranqüila e voltada para a consolidação da convivência no campo, Áries, regida que é por Ares ou Marte, o deus da guerra, ao contrário, inclinava toda a civilização para a expansão e a conquista pelo uso de armas, uma típica alusão à forma de agir arietina, marciana.

Todas as sociedades de então refletem o caráter desse período quando são agrupadas em torno de habitações fortificadas e tendo como governantes os melhores entre os seus guerreiros. O homem desenvolve o sentido da luta pela vida, revelando um caráter independente, criador, com um dinamismo que o diferencia de seus antepassados.

É nessa época que se descobre a posse permanente da terra, fazendo surgir o conceito ainda tribal de território e propriedade, resultado de um processo econômico incipiente ligado à agricultura sedentária. Com isso, o soldado passa a ser valorizado e substitui, em importância, o rei pastor de outrora.

Esse novo período coincide, no Egito, com o fim

do Antigo Império e a invasão do país pelos hicsos, povo indo-europeu que se esmerou nas técnicas de guerra e que, utilizando o cavalo e o carro de combate, conseguiu dominar quase todo o território que hoje se conhece como Oriente Médio.

Na Grécia, as cidades-estado ganham importância e, entre elas, Esparta, que se torna o exemplo máximo do domínio da espada sobre o arado com o culto à espada, atingindo seu ponto culminante no treinamento dos jovens e de crianças, a partir dos sete anos, nas artes do combate e da guerra.

Em Roma, consolida-se uma civilização de conquista e domínio que deixou marcas profundas em todo o mundo. São dessa fase personagens e fatos famosos, do porte de Alexandre Magno, o imperador Dario, a maratona grega, a Guerra do Peloponeso, as Olimpíadas, os cônsules e as centúrias romanas.

Seguindo os desígnios de sua própria evolução, o ser humano cumpre, nessa Era de Áries, a tarefa de afirmação da espécie sobre o planeta Terra, encerrando também outro ciclo astrológico, um Grande Ano Sideral iniciado 26 mil anos antes, quando os primeiros dos *Homo-sapiens-sapiens* se acomodou numa caverna, ao lado de remanescentes e dos vestígios de seu antecessor, o Neanderthal, e dali começou seu processo evolutivo.

Era de Peixes
Aproximadamente de 200 a.C. até 1969.

Nessa fase, tão bem conhecida de todos nós, o homem entra em um novo processo de evolução que vai lhe proporcionar o desenvolvimento do espírito e da mente, elementos que irão se sobrepor à valorização do corpo físico e ao materialismo das eras anteriores. Nessa etapa, a humanidade efetua suas conquistas exercitando o raciocínio. É a era do predomínio do psiquismo e da religiosidade.

Aproximadamente quinhentos anos após a fundação de Roma, nos séculos que antecedem o nascimento de Cristo, surgem os primeiros sinais da mudança para o que hoje se convencionou chamar de "civilização ocidental", ou seja, o resultado da união das culturas egípcia, grega e romana, uma fusão típica de início de nova era.

O declínio do Império Romano coincide com o aparecimento, no Oriente Médio e na Ásia, de novas correntes religiosas, que pregavam princípios de caridade, benemerência, tolerância e predomínio do espírito, em contraposição à outra, bem diversa, na qual prevaleciam as figuras vingativas e iradas dos deuses arietinos, espelhados em Marte.

Foi nesse período, imediatamente anterior à Era de Peixes, que surgiram os grandes nomes das mais importantes religiões em todo o mundo, anunciando e preparando a mudança: Buda, Zoroastro, Lao-tsé e Confúcio.

O ser humano muda e passa a agir de forma mais voltada a si mesmo e ao seu interior. A religiosidade cresce e, com o passar dos séculos, a religião ganha força, muitas vezes assumindo o Estado.

O Hinduísmo, o Xintoísmo e o Budismo predominam na Ásia e determinam, por seus preceitos e valores, todo um estilo de vida. No Ocidente, os hebreus consolidam seus conceitos religiosos e influenciam o aparecimento do Cristianismo que, séculos mais tarde, vai validar reis e imperadores, dispondo sobre tronos e sucessões.

Mais tarde, no Oriente Médio, o Islamismo floresce e propicia o surgimento de diversas nações que justificam sua existência pelos princípios dessa nova revelação religiosa.

Dentre todas essas religiões, ao lado das crenças orientais do Hinduísmo e do Xintoísmo, foi o Cristianismo que demarcou, de forma mais intensa e evidente, a mudança de eras e o início de um novo grande ciclo na vida humana. O cristão tem no peixe o seu grande símbolo, representando a consolidação da influência exercida nesse período por esta figura mística e psíquica do Cristo e de sua pregação.

Exercitando as características típicas da Era de Peixes, o homem apresenta-se intuitivo, artístico e emotivo, ao mesmo tempo em que também se mostra pessimista, místico e sem o pragmatismo natural aos outros signos, regentes de eras anteriores.

É essa inteligência pisciana — dedutiva, curiosa, pesquisadora e valorizada pelas conquistas intelectuais — e o seu desenvolvimento que constituem os fatores dominantes dessa etapa da evolução humana.

Profundamente ligado ao signo regente e a seu elemento dominante, o mar assume a condição simbólica de fronteira, cujo desbravamento torna-se o desafio maior. Movido pelas determinações de Peixes, o ser humano se espalha pela Terra, cria cidades, inventa instrumentos, controla doenças.

A consolidação desse processo é notado, de forma mais evidente, a partir do décimo nono século da Era Cristã, quando todo o conhecimento absorvido ao longo de mais de dois mil anos consolida o avanço científico que permite o domínio da mente, dos atos humanos e até mesmo das forças da natureza.

É dessa época o domínio da energia, tanto a elétrica e a solar quanto a atômica, que se somam a avanços inimaginados na medicina, na física, na química, nas comunicações, nos costumes e na política.

Atualmente, com este início de milênio, apresentam-se os sinais de uma nova era, demonstrados, de forma bem nítida, pelos primeiros movimentos em direção à conquista do espaço, a valorização da ecologia, o aumento da expectativa de vida, o domínio de tecnologia mais avançada e pelo repúdio a guerras e confrontos.

São estes, por sua característica, os sinais mais evidentes da entrada e da vida na Era de Aquário.

Era de Aquário
De 1969 em diante.

Como acontece nas análises astrológicas comuns, que tratam de intervalos de meses e anos, o início e o fim de uma era também não são facilmente delimitados em nossa contagem de tempo usual. Apesar disso, agora possuímos, com exatidão, a indicação clara do término da Era de Peixes e a chegada desta nova fase, regida por Aquário.

São bem evidentes os sinais indicativos dessa transição, da mesma maneira que há cerca de 2.200 anos houve o afloramento da religiosidade do ser humano quando se observou o aparecimento de figuras dominantes e criadoras em todas as religiões.

Cumprindo, em seu modo de ser e de agir, os primeiros vislumbres dessa mudança fundamental, o ser humano olha a natureza não mais como predador e destruidor, mas em busca de maior integração. Observa as estrelas não mais para guiar seus passos na Terra, mas ensaiando viajar pela galáxia. Desembarca na Lua e descobre que os planetas do Sistema Solar não são estrelas distantes.

Passam a freqüentar o cotidiano do indivíduo comum notícias sobre naves-robôs, que investigam a superfície dos corpos celestes distantes e antes apenas razão de mitos e lendas.

O pensamento, a reflexão e a espiritualidade mostram domínio maior sobre o caráter instintivo herdado das eras passadas. Começam a comandar nossas ações os elementos aquarianos de lógica científica, de pesquisa visionária, de independência da espécie e de rebeldia diante das amarras do corpo físico.

O caráter belicoso, presente na humanidade a partir da Era de Áries, entra em processo de dissipação, e a herança deixada pela preponderância da inteligência sobre a força bruta, desenvolvida durante a Era de Peixes, fornece as condições de enfrentar os desafios desse novo ciclo, a Era de Aquário.

PARTE 2

Capítulo 3

Capricórnio

...E havendo Deus terminado no dia sétimo a sua obra, que fizera, descansou nesse dia de toda a sua obra que tinha feito. ...E abençoou Deus o dia sétimo, e o santificou; porque nele descansou de toda a obra que, como Criador, fizera...

Gn 2:2-3

Abertura

O velho caminhão International tinia de reluzente naquela manhã de domingo que prenunciava um dia especial para o velho Osvaldo "Dragão"*, seu orgulhoso proprietário e mecânico que fizera do veículo um exemplo de dedicação em quase três anos de trabalho duro. Trabalho sobre a carcaça de um ferro-velho que comprara à beira da estrada em Três Corações. Mas, depois de tudo, o caminhão rugia poderoso na porta de casa, chamando a atenção. Osvaldo ainda mostrava nas mãos calejadas todo o esforço fora do expediente, um sonho do qual nem Alaíde*, sua mulher, o conseguira demover. Se muita gente tinha por ambição ficar rico, o "Dragão" só pensava no caminhão que desmontara e montara, lixara e pintara, reconstruíra, por assim dizer, desde o pára-choque dianteiro até a bem-cuidada traseira. Lá, na rabeira, com mãos de artista, pintara a frase que os jovens de sua

---

*Nome e apelido fictícios para proteger a identidade das pessoas reais.

época tanto gostavam de destacar e que lhe lembrava uma vida alegre e descuidada, perdida no tempo. Ornamento comum nos caminhões, a frase ali estava a dar quase um ar revolucionário a um homem simples e de pouca fala. "Eu quero derrubar o governo!!!", com exclamação e tudo.

De roupa nova, paletó tirado do fundo do baú, seis filhos encarapitados na carroceria e a orgulhosa mulher ao lado, lá se foi ele para a missa das oito na catedral. Mão firme ao volante, olhos atentos nos admirados pedestres que viam pela primeira vez o seu caminhão, fez um verdadeiro desfile até a Praça Dom Ferrão, no centro da velha Campanha da Princesa, no sul de Minas. Lá, parou com estrépito, chamando a atenção. Tanta atenção, que acabou dando de cara, ao descer, com o severo monsenhor Mesquita, Chanceler do Bispado e Pároco da igreja. O padre, curioso, rodou todo o veículo e parou junto ao pára-choque traseiro. Olhando a frase irreverente, sentenciou: "Tem que apagar!" Impiedoso, completou: "É subversiva, debochada e moleque e agride as nossas tradições!!!..." Nos idos dos anos sessenta, era para se cumprir. Se não, o assunto ia ao bispo e viraria caso de polícia. O capricorniano Osvaldo baixou a cabeça, manobrou o caminhão até afastá-lo do templo e assistiu à missa cabisbaixo e calado e assim voltou para casa. Sem nada dizer, pela semana toda, trabalhou sobre a frase condenada, repintando-a. Na manhã do domingo seguinte, sorriso *nos lábios, a mesma rotina de ir à missa. Na porta da catedral, estava, mais uma vez, o caminhão. E, para quem passava, a frase em letras ainda maiores: "...Continuo querendo!!!"*

Eu utilizo...

O signo de Capricórnio representa, no zodíaco, a determinação do esforço e da auto-exigência humana no aprimoramento pessoal. Vinculado ao mito grego de Sísifo, o personagem obrigado pelos deuses a carregar eternamente a mesma pedra montanha acima, dia após dia, simboliza o solstício de inverno no hemisfério norte e o início do verão no hemisfério sul. Conhecido também por ser o signo da cabra-das-montanhas, está no alto do mapa zodiacal. Seu simbolismo na natureza expressa o fim da floração e o início da era da acumulação e do armazenamento. Destinado a superar-se sempre, Capricórnio revela a transformação da melancolia e da tristeza em forças impulsoras na busca da conquista. É representado pela cabeça e as barbas de um bode ou, em algumas concepções, pela sereia, ser também mítico, marinho, por vezes simbolizado por uma cauda de baleia. Na astrologia mundana, rege o trabalho e seus agentes práticos, os trabalhadores, assim como o governo. Suas palavras e conceitos-chaves são: **persistência** e **ambição.**

Signo: Capricórnio.
Nativo: capricorniano.
Posição zodiacal: de 270 a 300 graus do zodíaco.
Posição temporal: de 22 de dezembro a 20 de janeiro.
Elemento: terra.
Qualidade: cardeal.
Trindade: servidora.
Regência planetária: Saturno em seu domicílio coregido por Urano, Marte em exaltação, a Lua em exílio e Júpiter em queda.
Oposto: o signo de Câncer.
Simbologia: na natureza, Capricórnio mostra o auge do inverno no hemisfério norte e revela, assim, a ponderação, a pacificação, a fria análise, a receptividade e a dormência. No sul, a passagem da floração ao calor que gera e fecunda. Leal e operoso, é classificado como o melhor trabalhador do zodíaco. Severo, exige de si e dos outros além do que lhes é possível. Metódico e disciplinado, mostra senso prático e forte ânsia pelo poder. Distante e frio, é pouco afetivo e, por seus atos e sua forma de ação, revela a ambição pelo sucesso que consegue com esforço e determinação.
Cor: os tons entre o verde-escuro e o cinza-chumbo.
Pedras preciosas: a granada, o ônix e o quartzo.
Metal: o chumbo.
Flores: o narciso, a violeta e a madressilva.
Perfume: verbena e essências de flor de laranjeira.
Plantas: o eucalipto, o cacaueiro, a macaúba e a sucupira.

Animais: a cabra, o urso polar, a serpente e animais de patas fendidas.
Dia da semana: sábado, dia regido por Saturno.
Regência sobre o corpo: todo o arcabouço ósseo, a arcada dentária, os joelhos e cartilagens e a região glútea.
Números: 5, 8 e dezenas iniciadas por esses algarismos.
Talismã: uma cauda de baleia estilizada em círculo de prata sobre cobre ou bronze.
Cidades: São Paulo, Pittisburg, Liverpool, Londrina, Tóquio, Esparta, Oxford, Montevidéu e São Francisco.
Clima: áreas abertas, com luminosidade, e os altiplanos e cumes de montanhas, com ar frio e seco.
Virtudes: prático, trabalhador, autoconfiante, requintado, perfeccionista, pensativo, escrupuloso e sério.
Fraquezas: dominador, egoísta, extremamente exigente, orgulhoso, teimoso, negativo e mal-humorado.
Tipo capricorniano: um ser prático e calmo que racionaliza tudo aquilo com o que se envolve. É ambicioso e determinado, agindo com realismo e fixação. Sua vida é de cautela e de paciência, com a busca da autoridade como forma de expressão e conquista. Conciliador, sabe conviver, embora se mostre sempre fechado e pouco exuberante. Tem medo do desconhecido e reage a isso, distanciando-se do que não domina.
Personalidades do signo: *Sir* Isaac Newton, o cientista; os atores Ítalo Rossi e Humphrey Bogart; o

cantor Nat King Cole; os escritores Edgar Alan Poe e Euclides da Cunha; o apresentador de TV Jô Soares; o humorista Renato Aragão; o inventor Benjamin Franklin; a mártir católica Joana d'Arc; o presidente americano Richard M. Nixon; o médico e cientista Louis Pasteur; o líder chinês Mao Tsé-tung; o pacifista Martin Luther King e o compositor Tom Jobim.

A personalidade capricorniana

O nativo do décimo signo do zodíaco expressa de forma notável o seu símbolo astrológico, a cabra-das-montanhas, um extraordinário animal que impressiona por se manter firme e seguro, mesmo nas mais íngremes e difíceis escarpas dos montes mais altos. E, mais que isso, lembra bem a figura altiva e dominadora do animal que o representa.

Esta vinculação prende-se também ao fato de estar Capricórnio no alto da carta zodiacal, lembrando as mais elevadas das conquistas da humanidade, a grandeza e a superioridade, o esforço ingente e a glória pelo mais alto pedestal da natureza, a montanha.

Do elemento terra, feminino, o signo é regido pelo planeta Saturno, que os antigos consideravam o "grande maléfico" mas que, na verdade, governa os processos de auto-regeneração do ser humano, o princípio da concentração, a sabedoria dos prudentes, o conservadorismo, o trabalho e a renúncia.

Tais características distinguem, de forma notável, os que nascem entre 22 de dezembro e 20 de janeiro, no signo da perseverança, da discriminação e da severidade.

Os próprios elementos típicos do signo dão aos capricornianos as suas principais e mais marcantes linhas de comportamento, tornando-os seres humanos sérios e introspectivos, voltados para si, dentro daquilo que de mais expressivo têm: a sabedoria dos prudentes, um atributo que lhes confere um lugar especial entre os demais e faz de cada um exemplo de comportamento comedido e sábio, num mundo carente de tais qualidades.

Todos os elementos de característica capricorniana apontam para o mesmo caminho: o da ponderação e da prudência. São dons que exercitados pelos nativos os colocam na dianteira do processo de evolução da espécie e acima das paixões mundanas, responsáveis por muitos dos nossos conflitos individuais e problemas sociais.

Considerado, com justiça, o melhor trabalhador do zodíaco, o capricorniano encarna no próprio signo a força criadora daquele que resiste aos mais difíceis e árduos dos desafios. O típico nativo de Capricórnio revela uma determinação extremada para levar avante em sua vida as metas de realização pelo próprio esforço e, por elas, obter as conquistas que só a dedicação ao trabalho pode concretizar.

Isso se expressa na perseverança, dom que dá aos nativos toda esta capacidade de seguir adiante, mesmo que enfrentem obstáculos que seriam desanimadores para quaisquer dos outros signos.

Vem tal característica de um dom natural que lhe dá grande capacidade de agir, sempre com paciência, mesmo quando submetido às mais fortes pressões. É da natureza capricorniana suportar, com estoicismo e impassivelmente, as disputas, a luta pelo poder, as mudanças e as dificuldades, mantendo a linha de suas metas pessoais, que raramente se alteram depois de traçadas.

Prudente, arma-se de cuidados ao caminhar. Faz da análise constante dos riscos e das vantagens daquilo que empreende uma forma de se precaver contra o desconhecido. Por isso, mostra-se sempre preparado para os momentos de glória ou de adversidade, com uma postura diante do mundo bem próxima à da Esfinge, a misteriosa estrutura em pedra que, no Egito, desafia o tempo e o conhecimento humano.

Com aspirações que sempre coloca no patamar mais elevado das ambições humanas, tem como parte integrante de seu caráter a conquista de posições sociais mais altas que aquelas que ocupa e, com elas obtêm o sucesso nas atividades a que se dedica. Isso é algo que o nativo faz ao longo de toda a vida de uma forma constante, firme e segura. Inteligente, sabe como seguir nessa caminhada, consolidando, passo a passo, seus ganhos e suas vantagens, corrigindo os próprios erros e reiniciando a procura pelo sucesso a cada interrupção, com a mesma firmeza de antes.

Uma característica do signo é só iniciar uma nova

etapa em sua vida depois de ter sob os pés o chão firme da conquista anterior. Essa firmeza, que lembra a terra, elemento regente do signo, faz do nativo uma pessoa que, mesmo ambiciosa, é capaz de aceitar coisas pequenas para, mais tarde, conquistar as que lhe pareçam maiores.

Contido, dedica boa parte de seu tempo à busca de afirmação pessoal como forma de externar seu desejo de poder e suas aspirações de sucesso. Ele jamais revela, a quem quer que seja, sua meta mais ambiciosa. Mas age permanentemente na busca desse ideal, fazendo de cada um de seus passos uma etapa a vencer.

Com essa determinação permeando todos os seus atos, usa de toda a sua força de vontade quando decidido a conquistar alguma coisa, e não existem limites no que pode mudar para alcançar seus objetivos.

Nesse ponto, surge outra de suas marcantes características: a exigência. O capricorniano é extremamente exigente em relação aos outros e a si mesmo. É um avaliador permanente de seu próprio comportamento.

Daí surgem questionamentos que o capricorniano típico faz a si mesmo, cobrando-se por um desempenho sempre melhor. Da mesma forma, transfere esse tipo de cobrança aos outros, mostrando uma face de difícil relacionamento com colegas e subordinados, quando se trata de trabalho.

Empenhado em levar avante suas tarefas, às quais dedica sempre o melhor de si e o tempo que julga necessário, revela um lado positivo para o exercício profissional. É nesse campo que ele mostra muitas de suas qualidades e, dentre elas, a submissão a tarefas que outros considerariam extremamente cansativas ou repetitivas. Não lhe é difícil dar-se a processos de trabalho de pouca mobilidade ou que exijam a utilização, por longo período, de métodos repetitivos ou cansativos.

O trabalho assume um papel preponderante na sua vida. É através dele que vem a realização das metas materiais que persegue. Por isso, o capricorniano desenvolve nas tarefas que lhe são dadas o melhor de seu potencial. Ele cumpre jornadas alongadas com entusiasmo e jamais se queixa das condições de seu trabalho. Empenha-se sempre em realizar suas tarefas com exatidão e rigor. E, quando exerce a chefia, mostra-se pessoa de difícil relacionamento em razão do alto grau de exigência que impõe a tudo e a todos.

O capricorniano soma a toda essa eficiência produtiva um traço bem característico de lealdade a princípios e pessoas. Seu senso moral e de honestidade faz com que cumpra suas tarefas e se relacione com os outros de uma forma que não admite quaisquer desvios, erros ou falsidade. Para o nativo, cumprir o cronograma de trabalho ou executar uma tarefa dentro de rigoroso parâmetro é tão importante quanto se relacionar com colegas e amigos de uma maneira que não lhes agrida a consciência e o seu senso moral ou ético. Esse é o seu padrão de comportamento.

Assim, o seu senso de honra pessoal é extremamente elevado, bem superior à média dos nativos de outros signos. Muitas vezes, chega ao exagero de elevar à condição de compromisso inafastável o que para outros é simples procedimento de rotina. A pontualidade integra esse sentido de cumprir a palavra dada a qualquer custo.

Dotado de disposição, mostra um lado muito positivo de sua mente sempre atenta a detalhes. Ele supre qualquer falta de conhecimento com um esforço dobrado para se inteirar do assunto, usando para isso de todos os recursos que se encontrem a seu alcance. De mente apurada, sabe suprir suas deficiências com um empenho que lhe dá as ferramentas necessárias ao conhecimento e ao aprimoramento pessoal, profissional e até afetivo.

Sem ser uma pessoa afável, por reagir sempre com certa secura à frente dos que partilham sua convivência, não expressa com facilidade as suas emoções e seus mais íntimos pensamentos.

Arredio ao contato, evita o quanto pode as demonstrações fáceis de intimidade, que considera um risco para sua privacidade e seus direitos. Por vezes, é brusco, embora nem sempre faça disso uma forma de agressão. Ele age assim por não lhe interessar expor sorrisos gratuitos e falsos apenas para contentar os outros.

Esplêndido organizador, tem o senso estético que o faz buscar locais ordenados, ainda que simples, para viver ou trabalhar. Ele impõe o sentido de ordem a toda sua vida, tornando-se em alguns casos, bastante previsível. É sempre um exato cumpridor de leis e normas, regras de conduta e de tudo o que dá um sentido mais harmônico à vida em sociedade.

A desarmonia faz do nativo uma pessoa insegura. Diante dela, reage bruscamente como forma de defesa contra o caos que teme e abomina. Ao lado dessa insegurança que transparece quando se encontra em um ambiente que agride a sua necessidade de ordem, chega a desenvolver, em casos mais graves, processos de depressão por não conseguir se harmonizar ao ambiente. Da mesma forma, evita multidões e prefere conviver em locais que conheça bem.

O racionalismo capricorniano vem do elemento terra e faz com que seus atos sejam bem pensados e medidos. Por isso, não é difícil que pareça, aos olhos de outros, impiedoso e insensível quando busca realizar suas metas pessoais e profissionais. Para atingir seus objetivos, racionaliza os procedimentos e não hesita em usar outras pessoas para conquistá-los. Isso pode parecer desumano, mas faz parte de um procedimento lógico e explicável do capricorniano, que age com plena consciência de que, muitas vezes, são necessárias atitudes pouco simpáticas para se alcançar determinado objetivo.

Para o nativo, os meios justificam os fins e isso é representado de forma bastante evidente no mais capricorniano de todos os ditados populares: dar-se o anel para se salvar um dedo. E ele faz disso uma forma tão consciente de comportamento que bem mostra o alcance de seu racionalismo. Na mente capricorniana, a avaliação entre o custo e o benefício, base da moderna teoria econômica, é plenamente justificável e só os grandes benefícios justificam altos custos.

O senso de justiça, muito maior nos nativos do signo que em outras pessoas, confere ao capricorniano a humildade necessária para reconhecer suas falhas quando elas acontecem.

Por ser imparcial em sua forma de se avaliar e avaliar outros, sabe exatamente quando erra na conquista de suas metas. Se elas não foram atingidas por limitações próprias, ele sabe disso e nunca transfere a outrem a responsabilidade pelo fato. Isso também vale para a sua vida pessoal.

Não se espera do capricorniano, mesmo nos casos de um erro seu, uma forma emocional de se expressar. Sua emoção é muito contida e lhe falta sempre a exuberância nas reações que marca de forma distintiva, por exemplo, os nativos dos signos de fogo. O comedimento típico do nativo age no sentido de fazê-lo admitir qualquer coisa, até mesmo um defeito seu, uma falha de avaliação, um erro de julgamento. Mas, jamais, vai além da admissão pura e simples do fato fazendo outras considerações.

Essa característica também se manifesta no humor do nativo. Dono de uma forma toda peculiar de expressá-lo, raramente chega ao riso aberto e estrondoso, preferindo o sorriso recatado como forma de mostrar alegria.

Da mesma forma, não é dado a explosões de irritação. Quando desgostoso com alguma coisa, dele se ouve ou a observação cortante, fria e seca, ou a admoestação direta, sem qualquer exagero. Poucas vezes, em público, se comove até as lágrimas ou se alegra até o desvario.

Pouco instintivo e quase nada intuitivo, posiciona-se distante também nos contatos sociais, quando evita se envolver. É uma forma de se proteger do que desconhece e, ao mesmo tempo, demonstrar que, para ele, há pouca importância na opinião alheia a seu respeito.

Aparência é coisa que pouco ou nada significa para o nativo, que prefere usar outros critérios para chegar à sua avaliação ou concluir algo sobre alguém.

Transparece nessa forma de se comportar uma ligeira indicação da timidez do signo, que invariavelmente teme entrar em situações que escapem ao seu controle. Isso, quase sempre, o desestrutura, o faz parecer fraco diante dos outros. Embora não se importe com o que pensam a seu respeito, qualquer consideração de fraqueza o atinge fortemente.

Como forma de enfrentar essa introspecção, leva para seu inconsciente todo esse medo que, em muitos casos, se transforma em problemas psicológicos com efeitos futuros muito fortes. O nativo, assim, passa a conviver com um medo, quase pânico, de se relacionar, que o faz evitar o quanto possível o contato com os outros.

No entanto, toda essa indiferença e distanciamento não querem dizer que ele seja uma pessoa destituída de emoções ou sentimentos. Sob a carapaça da frieza e da indiferença, existe um ser que pode ter sentimentos profundos.

Em família, por exemplo, desenvolve um profundo amor e amizade pelos filhos, pais e irmãos. Entretanto, não os demonstra, mantendo sempre uma aparência tanto mais indiferente quanto maiores forem esses sentimentos, que cultiva por longo tempo e de forma muito firme.

Malcompreendido por essa maneira diferente de amar, o capricorniano apresenta uma tendência à melancolia ou se torna pessimista, isolando-se dos outros e vivendo um mundo que parece ser provado apenas por ele mesmo. Não é verdade. Mesmo aparentemente desligado da vida ao seu redor, a ela está atento e cuidadosamente observa e classifica reações, palavras, gestos e expressões.

O capricorniano age para depois decidir, num método bem seu de sempre escolher primeiro e depois classificar as informações que compõem seu quadro mental sobre qualquer coisa. Nisso, aplica critérios de classificação, desprezando as coisas supérfluas e armazenando as importantes. E o faz com sua natural severidade, não deixando escapar detalhes.

O nativo coloca no lugar da convivência e da euforia outros dons que lhe são mais significativos, entre os quais a ambição e o autocontrole. Com a ambição, sempre chega a se destacar, atingindo boa situação social e material. O autocontrole é a barreira que lhe dá a segurança necessária para agir em meio a um mundo que sabe hostil.

Esses dois elementos suprem a ausência de dons de intuição e, com eles, o nativo consegue tal lucidez, que é capaz de prever ações alheias ou fatos só com base nos dados que colheu.

O capricorniano tem uma forma curiosa de agir quando se trata de enfrentar os obstáculos que aparecem em sua vida. Preparado sempre para o pior em qualquer situação, nutre-se de elementos que permitem encarar os problemas com a admissão prévia de que aquilo poderá acabar em dificuldade para si mesmo. Mas vai em frente com determinação para resolver a pendência. E o faz de maneira mais fácil do que os que sempre acreditam que tudo sairá bem.

Tudo em sua vida está ligado de forma inseparável ao conceito-chave de "eu utilizo", que sugere uma atividade constante com o uso de todas as suas qualidades e fraquezas.

A vida, para o nativo, é uma conquista contínua e uma luta permanente para se destacar em meio à mediocridade do mundo.

Conceitos-chave positivos

Perseverança — Determinação que leva o nativo a superar-se na busca constante e firme de seus objetivos.

Escrúpulo — Com uma personalidade conservadora e tradicionalista, o capricorniano tem princípios e senso ético que segue rigorosamente.

Confiança — Por se conhecer e ser cuidadoso com o que trata, desenvolve seguros processos mentais de autoconfiança.

Meditação — Arredio e fechado em si mesmo, é freqüentemente dado a momentos de profundo recolhimento e longa meditação.

Requinte — Por ter uma mente altamente seletiva, torna-se criterioso em todas as suas escolhas e nas suas opções.

Praticidade — Derivado de seus processos mentais, o senso prático faz com que aja sempre de forma pensada e direta.

Operosidade — A determinação, natural no capricorniano, torna-o um trabalhador incansável e seguro na procura de seus objetivos profissionais.

Seriedade — Pouco dado à perda de tempo, encara ações, pessoas e fatos com rigor e sem concessões, o que vale para toda a sua forma de agir.

Independência — Pouco afeito à partilha, insubmisso ao mando comum, embora disciplinado, é um solitário nas ações e pensamentos, e, por isso, independente.

Confiabilidade — Por seu caráter, senso de justiça e seriedade, é digno de confiança e deixa transparecer a todos sua forma de ser.

Conceitos-chave negativos

Pessimismo — Uma tendência que habitualmente se manifesta no nativo, que, ao raciocinar, espera primeiro pelo pior, preparando-se para o desengano.

Fatalidade — Deriva de seu pessimismo e faz com que costumeiramente aceite as coisas com resignação e passividade.

Teimosia — A persistência, uma qualidade que exerce com firmeza, pela freqüência com que se expressa, torna-se no capricorniano a mais arraigada teimosia.

Inibição — Esta característica vem de certa timidez que domina o comportamento do nativo, avesso ao contato com outras pessoas.

Orgulho — Auto-suficiente e determinado, fecha-se e transmite um certo distanciamento que choca as pessoas próximas.

Egoísmo — O capricorniano, quando se mostra mais voltado para si mesmo, centraliza atenções e exercita fortemente o seu senso de mando, cobrando duramente atenções e bajulações.

Exigência — Essa é uma das mais marcantes características do nativo, que exige o melhor de si e dos outros em tudo o que faz ou de que participa.

Timidez — Temeroso do desconhecido e julgando que a intimidade lhe quebra a ordem interna e o equilíbrio, mostra-se contido diante dos outros.

Desconfiança — Apesar de justo em seus julgamentos, o capricorniano sempre se prepara para desacertos, desacordos e problemas, daí a desconfiança que permeia seus relacionamentos.

Insegurança — Vivendo em um mundo onde as relações são estéreis e difíceis, o nativo é cauteloso quanto às pessoas e à sua vida.

- *Procure, capricorniano, valorizar as ações alheias, dando a cada um o reconhecimento e o mérito a que têm direito por suas realizações. Sua desatenção a isso é um fator que sempre inibe e descontrola seus relacionamentos, fazendo-o cada dia mais isolado. Mais que isso, busque sempre um estilo de vida mais simples e modesto, sem o orgulho que pode levá-lo ao exibicionismo fútil que não combina com sua maneira de ser.*

  Combata a timidez e o medo do relacionamento com o emprego de seus dotes de conhecedor da alma humana. E, por hábito, informe-se mais sobre quem e o que vai encontrar pela frente. Habitue-se, o quanto possível, a dizer aos outros palavras de incentivo, de reconhecimento e de ternura. Você verá que o efeito disso sobre a forma com que o aceitam será excepcionalmente positivo. Lembre-se sempre de que você partilha a vida em sociedade e não é uma pessoa sozinha no mundo. Um pouco de participação vai trazer-lhe compensações ainda maiores, tirando-o da solidão na qual você se refugia com tanta constância.

Exercícios capricornianos

- Faça com que sua ânsia pelo perfeccionismo seja um elemento de aprimoramento pessoal. Nunca deixe que isso se transforme em uma obsessão que pode torná-lo uma pessoa por demais exigente nos seus relacionamentos. Procure entender as limitações alheias e descubra em cada um o seu potencial máximo.
- Liberte as emoções e deixe que as preocupações com o cotidiano fiquem restritas aos momentos em que isso é absolutamente necessário. Alhear-se da vida ao seu redor, como forma de buscar soluções, apenas agrava os problemas. Dê-se mais à convivência e à partilha.
- Combata de forma permanente o seu egocentrismo e sua frieza. Mostre maior interesse pela vida, problemas, necessidades e dons dos outros. Isso vai evitar que você se feche em uma concha e se transforme em um eremita cercado de gente por todo lado.
- A modéstia é um dom que não lhe é muito familiar. Mas se você exercitá-la como forma de superar a soberba, pode fazer com que transpareça uma mudança em seu comportamento, o que lhe

dará mais simplicidade e o aproximará do que realmente é.

O homem de Capricórnio

Um ser determinado e paciente, consciente de que sua realização acontece como parte de seu destino, de forma inevitável e segura, honesto e convencional em suas maneiras, modesto em seus gostos e simples ao desfrutar o que de mais terreno existe para sua realização. Assim se pode definir o homem de Capricórnio, um tipo bem distinto de pessoa que, no entanto, guarda tantas e tão complexas características quanto o mais refinado dos seres.

Bastante prático, como o deve ser um filho de signo da terra, o capricorniano age sempre com tal seriedade, que fica evidente a sua noção de que as coisas devem ser feitas de forma comedida e com os pés muito bem plantados no chão. É a forma de agir de uma pessoa que consegue que até seus sonhos se façam em bases bem factíveis e possíveis, sem exageros e sem idealismo que o levem a perder tempo.

Essa forma direta de ser e agir vem do valor que o capricorniano típico dá ao seu próprio tempo. Para ele, realmente, o tempo é um tesouro que não pode e não deve ser desperdiçado com coisas fúteis ou inúteis.

E assim age em tudo o que faz. É ambicioso em grau altamente elevado, embora não deixe transparecer essa ambição e sequer a tenha apenas pelos bens materiais. Ele quer, mais que tudo, alcançar as metas que traçou para sua vida pessoal, amorosa ou profissional de forma segura e firme.

Trabalhador dedicado, permanentemente empenhado no cumprimento de suas tarefas e obrigações, muitas vezes dá a entender que coloca seus deveres nesse campo acima de outras considerações. Mas esse comportamento apenas reflete a forma seletiva com que classifica suas prioridades e, por vezes sem conta, demonstra também que há prioridades, coisas que se situam em patamares mais altos e isso fará saber de forma bem clara a todos os que o cercam.

De mente ordenada, segura nos seus raciocínios, cuidadosa ao encaminhar decisões, o capricorniano soma a um consistente intelecto forte perspicácia, capaz de fazê-lo compreender de imediato aqueles com quem se relaciona. Sua mente é segura e firme, sem arroubos de pressa ou lapsos de brilhantismo. Para ele vale mais a segurança do raciocínio certo, o que lhe dá uma notável força dedutiva.

Da mesma forma, absorve de imediato os problemas de uma situação complicada nos negócios ou no trabalho. Para o nativo, a solidez de seu raciocínio é uma de suas mais poderosas armas e imprescindível apoio em todos os momentos da sua vida.

Dotado de bom autocontrole, sabe lidar com as mais diferentes situações mantendo a cabeça fria. Isso também o faz adaptar-se a circunstâncias as mais diferentes e, embora não demonstre, tem extrema facilidade para lidar com as pessoas. Só mesmo o desconhecido e a desorganização o tiram de sua habitual serenidade, confundindo seu senso de ordem e de domínio das situações.

É o homem do signo um ser bastante diligente, independente ao assumir seus atos, caridoso sem ostentação, leal com os que privam de seus sentimentos e para com os seus princípios éticos. Não vive à espera de ajuda e faz por si só o que deseja.

É muito exigente e faz disso uma prática que assusta os que dele se aproximam. É comedido com seus gastos, ponderado nas opiniões e pouco dado a elogios e reconhecimento. Sua postura o faz parecer presunçoso e orgulhoso, o que, de fato, não é verdadeiro.

A mulher de Capricórnio

Governada por Saturno, o mais misterioso e insondável de todos os planetas do sistema solar, a mulher de Capricórnio recebe de seu regente essa influência que a faz, ao mesmo tempo, mistério e descoberta, em fantástica mescla de um ser que une os mais diferentes tipos e modelos da pessoa ideal.

Sutil e sensível, perceptiva e direta, diplomata e conciliadora, calma e ambiciosa, ela é e se mostra permanentemente arredia e inacessível como todos os nativos de seu signo, embora esteja presente um caráter notável e figura inesquecível.

De personalidade forte, determinada e segura de si, a mulher do signo começa bem cedo a dar mostras de todo o seu empenho na busca de uma liberdade de ação que a faz se destacar ao longo sua vida pela busca de objetivos bem claros e pela ambição por segurança, autoridade, respeito e uma posição social destacada.

Terna e meiga, sincera e leal, não deixa à mostra suas qualidades e poucas vezes se destaca de seu grupo por mera aparência. Suas conquistas vêm de todo o seu empenho por realizar seus planos e não da exuberância de uma feminilidade artificialmente montada.

Com modos graciosos, a capricorniana tem também uma beleza natural que muitas vezes a leva a dispensar a ajuda de cosméticos. E esse apego à naturalidade lhe confere um charme todo especial.

Conservadora e convencional, com rígidos preceitos de moral e honestidade, bem típicos de seu signo, ela não se mostra uma pessoa avançada em matéria de sexo. Nesse aspecto, é bem tradicionalista, o que se reflete também na criação dos filhos. Ela sabe muito bem como educá-los, mas, com o crescimento de suas crianças, seu conservadorismo é causa de choques e confrontos não só com os filhos, mas com tios, avós e todos os que se intrometerem na sua forma especial de educar a prole.

A mulher de Capricórnio é extremamente cuidadosa com seu lar e também o suporte dos laços familiares. Ao se casar, leva consigo toda uma história de costumes e tradição na forma de se relacionar com a família, ao contrário do homem do signo, mais desligado em relação ao passado.

Notável companheira, incentivadora daquele a quem escolhe no casamento, seu amor é duradouro e seguro, e o valoriza com um trabalho sempre direcionado para os que privam de sua convivência. A capricorniana é habitualmente o centro de seu núcleo familiar e nunca abdica dessa condição.

De humor um pouco instável, é sujeita a crises periódicas de mau humor, especialmente quando destratada, depreciada ou quando enganada. A tristeza, o pessimismo e a depressão saturnianas são bem presentes na nativa e moldam boa parte de seu comportamento diante das pessoas.

Romântica e carente, poucas vezes ela deixa que se perceba sua ternura e o seu forte desejo físico. Por não se contentar com coisas passageiras, encobre toda a sua fragilidade e só se dá por inteiro num relacionamento mais sério, quando se faz afetuosa, terna e apaixonada.

Socialmente, a capricorniana é uma incansável batalhadora em favor de pobres e oprimidos. Seu senso caritativo e social é objetivo e racional, e ela luta pelos mais carentes sem protecionismo e assistencialismo. Por ser, como natural em seu signo, seletiva nas escolhas daqueles a quem ajuda, faz isso de forma que o apoio não se torne incentivo ao ócio. Para ela, é verdadeiro o conceito que diz que é mais importante ensinar a pescar que meramente dar o peixe.

A capricorniana é sempre econômica em suas ações e esse comedimento se mostra tanto em casa como no trabalho.

Por analisar cuidadosamente seus atos e só partir para uma nova iniciativa após consolidar a anterior, é, invariavelmente, boa administradora e chefe moderada.

O amor e o sexo em Capricórnio

O amor e o sexo são coisas muito sérias para que deles se trate com as paixões humanas. Assim pensam e agem os capricornianos em matéria de sentimentos e de relacionamento.

Olhando o amor com o convencionalismo típico do signo, os nascidos em Capricórnio são bastante conservadores em termos afetivos, embora por trás dessa aparente indiferença com o amor exista sempre uma pessoa que, confiando em seu parceiro ou parceira, sabe mostrar uma exuberância que faria corar o mais entusiasmado dos escorpianos, os avançados do sexo.

Esse comportamento — um traço peculiar aos nativos do signo, que se contêm até confiarem plenamente — dá aos capricornianos uma característica bem diferente. Fiéis e leais, habitualmente são monógamos e não admitem a hipótese da traição. Isso se aplica de maneira notável à capricorniana, que mostra sempre um respeito reverencial para com os sentimentos do seu companheiro.

Muito mais racionais que emotivos, os capricornianos parecem ter o coração governado pelo intelecto e, graças a isso, impõem à sua vida sentimental os mesmos princípios racionais que governam a sua vida. É uma vantagem para quem tem Capricórnio como companheiro ou companheira, pois nas relações do amor e do coração, o nativo expressa sempre o que pensa e o que quer, sem subterfúgios.

Sua timidez faz com que raramente tome a iniciativa de um romance. O capricorniano típico revela-se cuidadoso em um primeiro encontro e, como o faz com tudo o mais em sua vida, discrimina, seleciona, escolhe e só decide depois de plenamente convencido. Por isso, o início de um relacionamento capricorniano é complicado e difícil. Os nativos do signo conhecem bem suas qualidades e debilidades e isso os leva a ser especialmente rigorosos na escolha que fazem de seus companheiros.

Para eles, relacionamento significa um caminho que conduz inevitavelmente ao casamento. E casamento, para Capricórnio, quer dizer para toda a vida, com segurança. Com base nesse conceito, os nativos elevam qualquer relação, a um nível que muitas vezes não é compreendido por seus parceiros.

Mas, uma vez envolvidos pelo amor, soltam-se e revelam uma personalidade surpreendente, pois, também no amor e no sexo, buscam sempre se superar com mais e o melhor, não medindo esforços para contentar o companheiro ou a companheira, ainda que isso implique sacrifício seu.

No entanto, quando se trata de surpreender um capricorniano, é essencial que se aja com cautela nas novidades, pois, em termos de sexo, ele reage escandalizado com avanços muito apressados...

A sua forma de amar não é a de bilhetes apaixonados escritos com batom ou caneta hidrográfica no espelho. Ele tem sempre uma certa dificuldade para externar claramente o que sente, e é fundamental que seus companheiros saibam ler nos pequenos gestos e atitudes as provas do amor capricorniano. E, ele as dá contínua e constantemente.

Ambos, homem e mulher do signo, partilham a vida afetiva de uma forma extraordinária e servem de incentivadores e apoio para seus maridos e esposas. Valorizam como ninguém aqueles a quem amam e isso os faz desdobrar ações que sempre revelam esse traço.

Os filhos de Capricórinio gostam de ambientes tranqüilos e retirados e valorizam extremamente a estabilidade material também no relacionamento afetivo.

As combinações de Capricórnio
no amor

Quais são os signos mais compatíveis entre si? A pergunta que mais se faz quando se trata de astrologia poderia ter uma resposta simples e direta: todos os signos têm elementos compatíveis e todos nós, seres humanos, temos em nosso mapa astral elementos de outros signos.

Apesar disso, existem algumas pequenas diferenças que, no relacionamento amoroso, assumem caráter maior ou menor, dependendo da forma como reagimos aos fatos. Muitas vezes, a agressividade de um é bem recebida pelo outro parceiro, enquanto, em outra situação um dos parceiros poderá reagir duramente a esse mesmo elemento.

No caso de Capricórnio, o primeiro aspecto a se levar em conta é a compatibilidade de elementos. Se os nativos que buscam a convivência tiverem predominância de elementos compatíveis em seus signos solar, ascendente e lunar, terão maior chance de conviver bem. Assim, valem a equações: terra + terra + terra ou terra + água + terra ou ainda terra + água + água. Por elas, há uma chance bem maior de acerto no relacionamento afetivo.

Capricórnio + Áries Os dois signos apresentam elementos divergentes na forma de encarar o mundo e só combinam no domínio que ambos exercem em suas atitudes, de forma quase natural. Por isso, a relação é sempre complicada e sujeita a choques e conflitos, disputas e desarmonia que acabam por frustrar a paixão que pode aproximá-los. Neste caso, cabe ao capricorniano garantir a duração do afeto e do querer.

Capricórnio + Touro Ambos pertencem ao elemento terra e têm semelhanças de interesses e comportamento. Normalmente, esta relação pode levar a uma vivência de mútuo contentamento, desde que os dois busquem fugir da rotina. Uma forma de se acertarem é buscando uma vida social mais intensa. Os dois signos têm profunda empatia em negócios e na vida familiar.

Capricórnio + Gêmeos A firmeza e a segurança de Capricórnio são bem diversas da versatilidade e do mundanismo que fazem o caráter geminiano. Isso leva a uma diferenciação quase insuperável quando se trata de relacionamento amoroso. O ciúme e o domínio capricornianos serão interpretados por Gêmeos à conta de mordaça e algema e quase sempre tornam insuportável a vida em comum.

Capricórnio + Câncer O conservadorismo canceriano — um traço típico e determinante de sua forma de ser é um elemento que se aproxima bastante da rigidez que Capricórnio impõe ao seu comportamento. Isso sugere a possibilidade de um relacionamento muito positivo, especialmente quando Capricórnio gosta da vida em família. O fato de serem signos opostos não implica diferenças, ao contrário, os aproxima e os faz muito semelhantes.

Capricórnio + Leão Esta é uma combinação que promete sucesso, se ambos forem movidos pelos mesmos interesses materiais e, principalmente, se de Leão for a mulher. Neste caso, o capricorniano servirá a ela de base sólida em que se apoiar e, com isso, gerará os elementos de um relacionamento permanente e duradouro. Há que se cuidar do ciúme capricorniano diante da exuberância leonina, razão de desencontros e choques.

Capricórnio + Virgem Outra combinação entre signos do mesmo elemento que pode gerar desencontros. No caso de Virgem e Capricórnio, os dois são por demais racionais e objetivos, frios e distantes para que se forme um relacionamento com o ardor necessário para que subsista por longo tempo. Ademais, o senso crítico virgiano é um elemento de tensão permanente entre ambos, que não su-

MAX KLIM

portam o domínio, o controle e as exigências alheios.

Capricórnio + Libra O sentido de harmonização e o equilíbrio que naturalmente marcam o caráter libriano são, em termos afetivos, os complementos fundamentais para um bom relacionamento com o rigoroso temperamento capricorniano. Esta relação tende a manter-se e Capricórnio serve de âncora para a indecisão libriana, fazendo com que os dois se completem de uma forma notável. O senso de justiça e de equilíbrio é o ponto comum aos dois signos.

Capricórnio + Escorpião Este relacionamento, habitualmente, é conduzido pelo Escorpião. A fusão entre a emotividade passional deste signo com a contenção e a discrição capricorniana em termos afetivos pode ser tumultuada, a não ser que ambos se proponham ao diálogo. Escorpião supre, e muito, as necessidades emocionais e físicas de Capricórnio. E isso pode ser o elemento para que se construa uma boa e mais duradoura relação, especialmente se os dois valorizam a convivência.

Capricórnio + Sagitário A aproximação de dois temperamentos tão diversos quanto o são sagitarianos e capricornianos só ocorre de forma positiva no amor, se ambos têm alguma coisa em comum a sustentar o querer. Quando isso acontece, surge uma relação de profundos laços e duradouros momentos de entendimento, confiança e alegria. O relacionamento dos dois signos junta elementos que não são comuns a Capricórnio, nem aceitáveis por ele.

Capricórnio + Capricórnio Como de hábito, o relacionamento entre signos do mesmo elemento tende a acentuar as características próprias do nativo. Neste caso, a rigidez e o distanciamento podem marcar o seu comportamento no amor. Com isso, sua forma de se comportar fatalmente leva ao tédio. Os dois são parcimoniosos em demonstrações de afeto e isso altera muito a maneira de amar e querer.

Capricórnio + Aquário No zodíaco não há uma combinação tão inesperadamente positiva como esta, especialmente quando a mulher é aquariana.

Isso é verdadeiro quando ambos são mais maduros e conscientes de seus objetivos de vida. Há entre os dois uma relação de quase cumplicidade quando se trata de amor, de bem-querer e de busca de um futuro em comum. É a mais surpreendente das relações.

Capricórnio + Peixes Esta é uma relação que tende a se complicar, especialmente se surgir de uma paixão momentânea. Os dois signos têm pouco em comum e o caráter capricorniano há de se impacientar permanentemente com a inércia pisciana. E para o racional Capricórnio, as ligações de Peixes com o seu "eu", a bondade deste signo e o seu desprendimento levam ao distanciamento e aos conflitos.

A saúde e o capricorniano

Capricórnio rege, no corpo humano, os joelhos, as cartilagens e os processos de calcificação. Assim, o signo governa diretamente os ossos e os dentes, revelando uma forte presença no organismo.

De constituição física frágil na infância e adolescência, os nativos típicos do signo são resistentes e fortes na maturidade e na velhice. Os joelhos e, conseqüentemente, os membros inferiores se constituem no seu ponto fraco em termos físicos.

Habitualmente, os capricornianos aplicam seu senso prático na alimentação e no seu sistema de vida, analisando o que ingerem e os cuidados consigo mesmos, obtendo uma boa resistência orgânica.

Os processos mentais do nativo típico levam-no quase sempre a problemas de ordem nervosa e ao estresse. Por ser pouco comunicativo, tende a interiorizar problemas e com eles somatizar males.

Devido à influência de Saturno, o capricorniano pode apresentar tendência ao reumatismo, à artrite, à gota e à deficiência funcional nos rins e vesícula biliar, com sérios riscos de que essas doenças se tornem crônicas.

O tipo do capricorniano é de estatura média a alta, corpo magro e membros bem desenvolvidos, mãos longas e cabeça pequena e regular. Seu caminhar é medido e controlado, como reflexo de sua forma de ser diante do mundo. Não é dado a exercícios muito intensos, embora possa se dedicar a esportes que lhe aprimorem o físico. São longevos e mostram com a idade males típicos de sua faixa etária.

Na fitoterapia, aconselha-se ao capricorniano utilizar as folhas torradas e em pó da parietária (*Parietaria officinalis*), o suco do limão (*Citrus limonum*) ou a raiz do sassafrás (*Sassafras officinalis*). Para combater o reumatismo, as compressas de bardana (*Lappa officinalis*) e da manjerona (*Origanum majorana*) e para a gota, cataplamas da alfazema (*Lavandura vera*), as folhas e sementes da borragem (*Borrago officinalis*) e os banhos com a casca da aroeira mansa (*Schinus terebenthifolius*).

Seu sal mineral é o fosfato de cálcio. Os nativos devem ingerir sempre, desde a infância, o leite e seus derivados, assim como fazer dietas com frutos do mar e peixes.

O trabalho capricorniano

Capricórnio rege, para a astrologia mundana, todo e qualquer tipo de trabalho, numa referência direta ao fato de ser ele "o trabalhador do zodíaco". E isso se expressa de forma muito clara na regência de atividades públicas, em todas as suas esferas e atribuições.

Em qualquer campo de atividade a que se dedica, o nativo é sempre operoso, responsável, empenhado, dedicado e vencedor. Isso vem da seriedade com que o capricorniano encara tudo na vida e, em especial, o seu caminho profissional. O seu objetivo maior é sempre ligado a suas atividades profissionais, às quais atribui a conquista de tudo o que mais deseja na vida.

No trabalho, o nativo fundamenta a estabilidade doméstica, a tranqüilidade para ter as coisas de que necessita ou deseja, os sonhos que pretende concretizar. E assim torna a sua caminhada uma sucessão de êxitos e conquistas.

Metódico, controlado, organizador nato, o capricorniano típico faz de sua atividade profissional uma forma de realização a cada minuto de seu dia. Para tanto, exige sempre um lugar de trabalho organizado e que satisfaça suas necessidades de isolamento e segurança. Locais excessivamente tumultuados, barulhentos ou de grande movimentação tiram-lhe a concentração e o deixam inseguro.

Em funções que demandem esforço físico ou naquelas que lhe exigem do intelecto, ele se dá bem e faz por onde cimentar uma carreira com aprimoramento constante, aprendizado a cada ação e uma busca insaciável pela perfeição.

Como regra, o nativo prefere o trabalho que não muda muito e que lhe permita aprender a rotina, aprimorá-la, desenvolver método e operação, de uma forma equilibrada e segura, um passo de cada vez. Por isso se manifesta, muitas vezes, contrário a mudanças e trocas de pessoal, método ou recursos.

O nativo sabe que só o trabalho árduo e constante o levará ao sucesso, descrente que é de quaisquer conquistas que lhe surjam de forma repentina e sem base em fatos mais sólidos. Este tipo de ascensão profissional só o deixa desconfiado e inseguro, e esses são dois problemas com os quais ele lida de forma difícil.

Quando no exercício de funções de chefia, o capricorniano pode chegar a graus muito elevados de tirania e exigência, pois tende a exigir dos outros exatamente a mesma eficiência que demonstra com o desempenho de qualquer tarefa. Nessas situações, não tem muita paciência para esperar pelo aprimoramento de seus subordinados e, por isso, precisa ser orientado e contido. Mas basta uma observação direta e clara para fazê-lo entender o problema.

É essa percepção para mudança que distingue o capricorniano quando ocupa postos de mando, pois, sabedor de que o desempenho de seus companheiros ou subordinados o afeta, acerta bem a proposta e muda o modo de agir. Isso ele faz sem perder o rigor com que trata a sua ocupação e mostra um profundo respeito pela profissão que abraçou. O desafio conquista o nativo, pois este é um apelo imperdível para qualquer capricorniano.

Sua caminhada profissional é feita com tal determinação, que o capricorniano passa por cima de todos os obstáculos que surgem em seu caminho. Tem, ao longo dessa trajetória, visão bastante para se aproveitar de todas as oportunidades que aparecem, e encara seu desempenho sempre como um dever para consigo mesmo.

A sua ambição, ligada à estabilidade material, faz com que sua atuação se volte para a consolidação de ganhos e ele se revela um trabalhador econômico e parcimonioso em seus gastos. De temperamento fechado, não faz parte de grupos dentro de seu ambiente de trabalho, preferindo sempre a atuação mais solitária. Não gosta de desperdício.

Nas sociedades, o capricorniano se dá bem com os nativos de seu próprio signo e com os de signo oposto, trino ou sêxtil a ele: Capricórnio, Peixes, Touro, Câncer ou Virgem.

Por tudo isso, cumprir a rotina e conquistar eficiência são obrigações pessoais para o nativo.

FATORES DE COMPENSAÇÃO PROFISSIONAL

- Carreiras que lhe permitam ascensão profissional baseada em critérios de produtividade e eficiência.
- Trabalho que tenha métodos e sistemas já estabelecidos e testados, sem grandes mudanças ou alterações bruscas.
- Ambientes bem distribuídos, organizados e claros, com ordem e sem tumultos ou muito trânsito de pessoas.
- Trabalhos feitos sob planejamento prévio e organização, mesmo que repetitivos ou constantes.
- Funções de mando em qualquer nível.

CAMPOS PROFISSIONAIS MAIS INDICADOS

Advocacia, serviços cartorários, serviços de despachante, medicina ortopédica e dermatológica, odontologia, museologia, biblioteconomia, estatística, geologia, antropologia, contabilidade, análise de sistemas, linha de montagem, comércio, serviços públicos, política, diplomacia.

Os muitos signos nos decanatos de Capricórnio

A divisão do signo de Capricórnio em três decanatos distintos, como acontece com os demais signos, nos dá tipos diferenciados de nativo. Os do primeiro decanato sofrem influência determinante do signo anterior, Sagitário. Os nascidos no segundo decanato revelam um temperamento típico e puro do signo. Finalmente, os do terceiro decanato, absorvem a influência do signo seguinte, Aquário, mesclando-a com as características de seu próprio signo.

TIPO CAPRICÓRNIO-SAGITÁRIO — DE 22 A 30 DE DEZEMBRO

Regência Saturno-Júpiter ♄ ♃ Imagine unir a alguém que preza a independência e a segurança material um forte sentido idealista. Assim, você terá diante de si o nativo deste período, o capricorniano com traços de Sagitário, em combinação encontrada no nativo do período de 22 a 30 de dezembro.

Como todo nativo do primeiro decanato, ele molda bem as influências do signo anterior a dons próprios de seu signo. O nativo deste período mostra-se apegado ao poder e ao mando, mas o faz com um sentido de justiça e integridade que o valorizam quando alçado a postos de liderança e comando.

A perseverança e a determinação, dons que recebe por ser um nativo de signo da terra, tornam-no um determinado e equilibrado analista das pessoas e de seu próprio potencial.

Este nativo corre muito mais riscos de se atropelar pela pressa em fazer as coisas do que os seus dois outros companheiros de signo. Isso se deve à fogosidade do sagitariano, que se soma ao temperamento sempre comedido de Capricórnio, seu signo natal.

Solidão e melancolia não são comuns e bem-aceitas pelo tipo misto de capricorniano do primeiro decanato. Ele as combate, embora esteja sujeito a momentos de isolamento que lhe trazem tristeza.

Sabe se controlar e é um realizador em sua vida.

TIPO CAPRICÓRNIO-PURO — DE 31 DE DEZEMBRO A 9 DE JANEIRO

Regência Saturno-Marte ♄ ♂ Este é o mais determinado e consciente dos trabalhadores, um exemplo de pessoa que busca com firme convicção alcançar pelo próprio esforço suas metas e ideais.

O nativo do período de 31 de dezembro a 9 de janeiro é uma pessoa que procura ao longo de sua vida a estabilidade e o poder, não medindo esforços e lutando de todas as formas possíveis para alcançá-lo, mesmo que para tanto seja obrigado a repetir as mesmas tarefas e obrigações.

É um incansável perfeccionista e seu senso prático o coloca em destaque quando assume qualquer tarefa. Cheio de escrúpulos, revela-se, às vezes, tradicionalista, sem aceitar bem as mudanças e as novidades que aparecem a ameaçar-lhe a segurança.

Manifesta forte tendência para dominar outras pessoas e se torna, com a experiência da vida, extremamente exigente em relação a si mesmo e aos outros. E isso pode frustrá-lo, pois ele sempre procura que outras pessoas reflitam seu senso de exatidão e perfeição.

Fatalismo e egoísmo são duas características capricornianas que o nativo deste decanato mostra de forma muito intensa. Mas, há outra qualidade que o distingue sempre: é sério em tudo o que empreende e busca. Faz da seriedade na procura por um ideal, meta fundamental. É muito confiável e criativo.

TIPO CAPRICÓRNIO-AQUÁRIO — DE 10 A 20 DE JANEIRO

Regência Saturno-Urano ♄ ♅ O capricorniano deste período apresenta uma notável mistura de elementos. Ao seu caráter realista e prático, soma-se o idealismo aquariano, conferindo ao nativo do período de 10 a 20 de janeiro uma forma de ser bem diferenciada de seus companheiros do signo.

O trabalhador incansável ganha em visão do mundo e alia a isso um sentido de independência que reduz o materialismo comum nos nativos de seu signo

Já não mais importa a ele apenas a conquista do bem-estar próprio.

O capricorniano agrega à sua forma de ser um ideal de vida que se sobrepõe a essa noção egoística de poder e conquista. E mantém seu nível de exigência diante de si mesmo e dos outros, embora pense muito antes de agir. Quando o faz, age com muita certeza em relação ao que pretende alcançar.

Dificilmente este nativo sai ileso dos embates da vida, que lhe deixam feridas profundas das quais não se recupera com facilidade. Pode apresentar timidez e radicalismo, embora de forma não dominante, mas em manifestações que lhe exigem controle.

É um visionário equilibrado e seguro que revela, com o passar dos anos, uma sabedoria que conquista a todos.

Capítulo 4

O Temperamento

O ascendente revela os seus segredos

O que, para os leigos, é um intrigante "signo ascendente", para os mais versados em astrologia é um dos principais elementos da análise de características de uma pessoa. Aos poucos, esse dado vai ganhando importância muito grande para os que se interessam pelo estudo da influência astral sobre o ser humano, na mesma medida de sua significação para os especialistas na matéria.

Signo do "eu" real, do temperamento que temos em nossa vida adulta, o ascendente é determinado pelo planeta que se elevava no céu — daí seu nome, ascendente — na hora exata do nascimento de uma pessoa.

Primeira casa do mapa zodiacal pessoal do ser humano, o ascendente é calculado com base no exato instante do nascimento, quando o ser humano, ao vir à luz, inspira pela primeira vez e toma contato, pelo oxigênio que lhe infla os pulmões, com o mundo a sua volta, desligando-se do útero materno.

Isso mostra a importância de se descobrir o momento mais exato em que tal fato ocorreu. Para entender melhor a noção de signo ascendente, devemos ter em conta que, em seu movimento de rotação, a Terra percorre ao longo das 24 horas do dia os 12 signos do zodíaco e, a cada duas horas aproximadamente, ocorre a mudança do signo que sobe no chamado "horizonte oriental", onde nasce o Sol.

A presença desse signo em nosso mapa de características determina a base de todo mapa astral, por simbolizar o "eu" real, instintivo, oculto e determinante de nossos impulsos e motivações interiores.

É o nosso temperamento, a forma real de nos comportarmos e aquela que a cultura oriental classifica de "personalidade do coração". Se o nosso signo solar revela nossa individualidade, a nossa forma inconsciente de ser é determinada exatamente por esse signo complementar, o ascendente.

É a combinação desses dois signos que faz da pessoa uma individualidade distinta e mostra que, mesmo nascendo em um mesmo signo, duas ou mais pessoas serão em sua vida bem diferentes ao somarem elementos distintos de suas características.

Com base nesse estudo e na determinação do signo que rege a personalidade interior da pessoa, vamos ter alguns dados que complementam a análise sobre nossa maneira de ser e reagir diante do mundo.

Cláudia Hollander, um dos maiores nomes da astrologia na América Latina, afirma que "o ascendente, ou casa um, é a constituição física, o caráter e o temperamento fundamental" de uma pessoa. E afirma ainda que o nosso signo solar, este que todos conhecemos e que nos é dado pelo dia e mês do nascimento, "é o nosso eu manifesto, nossa vontade consciente e assumida, mas as motivações mais profundas e inconscientes, impulso básico da personalidade", estão no ascendente que se associa ao momento da vinda da pessoa à vida extracorpórea no exato instante em que nascemos e começamos a respirar com força própria.

Por isso, determinar corretamente o ascendente é muito importante em qualquer estudo sobre nossas características e forma de usá-las em proveito de nosso cotidiano.

Como calcular o ascendente

Para encontrar o signo ascendente, é preciso que se conheça, da forma mais exata possível, o momento do nascimento. De posse da hora e minuto, dia, mês e ano, como primeiro passo, deve-se verificar na Tabela 1 se nesse período vigorava o horário de verão para a cidade onde ocorreu o nascimento. Nesta tabela, estão listados os locais e ocasiões em que, no Brasil, os relógios foram adiantados em uma hora.

Se o nascimento se deu em um dos períodos de vigência do horário de verão, a pessoa deve, como primeiro cuidado, proceder à subtração de uma hora no horário de nascimento que consta em seus documentos.

Assim, por exemplo, se uma pessoa nasceu na região Sudeste, no dia 2 de fevereiro de 1965, às

18h30, quando vigorava o horário de verão, todo o cálculo do ascendente deverá ser feito com a subtração inicial de uma hora no horário registrado na certidão de nascimento ou de batismo. Assim, o horário real para o local de nascimento da pessoa deste exemplo será 17h30.

Feito o ajuste quanto ao horário de verão, deverão ser seguidos os seguintes passos para se encontrar o momento em que foi determinado o ascendente.

1º passo — Uma vez conhecidos o horário real e o local onde a pessoa nasceu é preciso determinar a "hora local" do nascimento, um procedimento simples, que indicará, com as correções em minutos para aquele ponto específico do país, a hora-base de todo o cálculo. Para isso, utiliza-se a Tabela 2, em que figuram a correção e a latitude em graus das capitais dos estados brasileiros. Para encontrar a hora local de nascimento, primeiramente deve ser feita a correção da hora real e local, somando ou subtraindo o tempo indicado nessa tabela.

Para o exemplo indicado de pessoa que nasceu às 17h30 do dia 2 de fevereiro de 1965, na cidade do Rio de Janeiro, deverão ser somados, como mostra a Tabela 2, mais sete minutos a esse horário. Dessa forma, obtém-se a hora local de 17h37.

2º passo — De posse da hora local de nascimento, ou seja, 17h37 no exemplo dado, deve-se somar esse número ao da "hora sideral" que se encontra na Tabela 3, para cada dia e mês do nascimento. Para isso, basta cruzar o dia do mês (localizado na coluna vertical à esquerda) com o mês do nascimento (localizado na coluna horizontal à direita). Dessa forma, obtém-se o horário específico, chamado hora sideral. Portanto, no exemplo dado, a hora sideral será 20h49.

Em seguida, deve-se determinar a "hora sideral individual". Nesse caso, soma-se a hora sideral (encontrada na Tabela 3) com a hora local (encontrada no primeiro passo com a Tabela 2). Para o exemplo dado, deve-se, então, somar 20h49 (hora sideral) com 17h37 (hora local). Assim, o resultado obtido é de 37h86.

Convertendo-se os 86 minutos em hora, chega-se ao resultado de 38h26. Como esse número é superior às 24 horas do dia, é preciso subtrair dele 24 horas, o que determina a hora sideral individual de 14h26.

Esse é o horário que vai determinar o ascendente e é a hora sideral individual de nascimento da pessoa do exemplo. Se o número encontrado na soma da hora local com a hora sideral da Tabela 3 fosse inferior a 24 horas, não haveria a subtração de 24 horas e se passaria direto ao cálculo do ascendente, como explicado no passo seguinte.

3º passo — Conhecida a hora sideral individual de nascimento, deve-se voltar à Tabela 2 para que seja encontrado o grau de latitude sul que vale para o local de nascimento. Nessa tabela, estão indicados os graus de latitude de cada uma das capitais brasileiras .

No exemplo dado, a pessoa nasceu no Rio de Janeiro, cidade que se situa a 23 graus de latitude sul. Na Tabela 4, estão relacionados, na parte superior, os graus diferentes que prevalecem em nosso cálculo.

Determinado o grau mais próximo daquele da cidade em que a pessoa nasceu, deve-se percorrer a Tabela 4, de cima para baixo, na coluna desse grau, até se encontrar a hora sideral individual de nascimento.

À esquerda na tabela, figura o signo ascendente. No exemplo dado, para a pessoa que nasceu no Rio de Janeiro (23 graus) e tem a hora sideral de 14h26 o signo ascendente é Câncer, que prevalecia para o Rio de Janeiro, entre 13h10 e 14h39.

Tabela 1 — Horário de Verão

Períodos em que foi adotado no Brasil o horário de verão, de acordo com os decretos do governo federal que mudam a hora legal em diversas regiões.

03.10.1931 às 11h até 31.03.1932 às 24h
03.10.1932 à 00h até 31.03.1933 às 24h
01.12.1949 à 00h até 15.04.1950 às 24h
01.12.1950 à 00h até 31.03.1951 às 24h
01.12.1951 à 00h até 31.03.1952 às 24h
01.12.1952 à 00h até 28.02.1953 às 24h
23.10.1963 à 00h até 01.03.1964 às 24h[1]
09.12.1963 à 00h até 01.03.1964 à 00h[2]
31.01.1965 à 00h até 31.03.1965 às 24h
01.12.1965 à 00h até 31.03.1966 à 00h
01.11.1966 à 00h até 28.02.1967 às 24h
01.11.1967 à 00h até 29.02.1968 às 24h
02.11.1985 à 00h até 14.03.1986 às 24h
25.10.1986 à 00h até 13.02.1987 às 24h
25.10.1987 à 00h até 06.02.1988 às 24h
16.10.1988 à 00h até 28.01.1989 às 24h[3]
15.10.1989 à 00h até 10.02.1990 às 24h[4]
21.10.1990 à 00h até 17.02.1991 às 24h[5]
20.10.1991 à 00h até 09.02.1992 às 24h[5]
25.10.1992 à 00h até 30.01.1993 às 24h[5]
17.10.1993 à 00h até 19.02.1994 às 24h[6]
16.10.1994 à 00h até 18.02.1995 às 24h[5]
15.10.1995 à 00h até 10.02.1996 às 24h[7]
06.10.1996 à 00h até 15.02.1997 às 24h[8]
06.10.1997 à 00h até 01.03.1998 à 00h[8]
11.10.1998 à 00h até 20.01.1999 às 24h[8]
03.10.1999 à 00h até 26.02.2000 às 24h[8]
08.10.2000 à 00h até 17.02.2001 às 24h
18.10.2001 à 00h até 16.02.2002 às 24h

[1] O horário de verão foi decretado apenas para SP, RJ, MG e ES.
[2] Válido em todo o território nacional.
[3] Todo o país, exceto os estados do AC, AM, PA, RR, RO e AP.
[4] Regiões Sul, Sudeste, Centro-Oeste, Nordeste, no estado de TO e nas ilhas oceânicas.
[5] Válido nos estados de SC, RS, PR, SP, RJ, ES, MG, GO, MS, BA, MT e no DF.
[6] Regiões Sul, Sudeste, Centro-Oeste, nos estados da BA, AM e no DF.
[7] Regiões Sul, Sudeste, Centro-Oeste, nos estados da BA, SE, AL e TO.
[8] Válido nos estados de RS, SC, PR, SP, RJ, ES, MG, BA, GO, MT, MS, TO e no DF.
[9] Válido nos estados de RS, SC, PR, SP, RJ, ES, MG, GO, MT, MS, TO, BA, SE, AL, PE, PB, RN, CE, PI, MA e no DF.

 MAX KLIM

Tabela 2 — Correção Horária e Latitudes em Graus das Capitais Brasileiras

Cidade	Correção horária	Latitude
Aracaju (SE)	+ 32 min	10°
Belém (PA)	− 14 min	2°
Belo Horizonte (MG)	+ 4 min	19°
Boa Vista (RR)	− 3 min Norte	3° Norte
Brasília (DF)	− 12 min	15°
Cuiabá (MT)	+ 16 min	15°
Curitiba (PR)	− 17 min	25°
Florianópolis (SC)	− 14 min	28°
Fortaleza (CE)	+ 26 min	3°
Goiânia (GO)	− 17 min	16°
João Pessoa (PB)	+ 40 min	7°
Macapá (AP)	− 24 min	0° Equador
Maceió (AL)	+ 37 min	9°
Manaus (AM)	00 min	3°
Natal (RN)	+ 39 min	5°
Palmas (TO)	− 17 min	11°
Porto Alegre (RS)	− 25 min	30°
Porto Velho (RO)	− 16 min	9°
Recife (PE)	+ 40 min	8°
Rio Branco (AC)	+ 29 min	10°
Rio de Janeiro (RJ)	+ 7 min	23°
Salvador (BA)	+ 26 min	13°
São Luís (MA)	+ 3 min	3°
São Paulo (SP)	− 6 min	23°
Teresina (PI)	+ 9 min	5°
Vitória (ES)	+ 19 min	20°

Tabela 3 — Hora Sideral

DIA	JAN	FEV	MAR	ABR	MAI	JUN	JUL	AGO	SET	OUT	NOV	DEZ
1	18h42	20h45	22h39	0h41	2h39	4h42	6h36	8h38	10h40	12h40	14h41	16h40
2	18h46	20h49	22h43	0h45	2h43	4h46	6h40	8h42	10h44	12h44	14h45	16h43
3	18h50	20h53	22h47	0h49	2h47	4h50	6h44	8h46	10h48	12h48	14h49	16h47
4	18h54	20h57	22h51	0h53	2h51	4h54	6h48	8h50	10h52	12h52	14h53	16h51
5	18h58	21h00	22h55	0h57	2h55	4h57	6h52	8h54	10h56	12h55	14h57	16h55
6	19h02	21h04	22h59	1h01	2h59	5h01	6h56	8h58	11h00	12h58	15h01	16h59
7	19h06	21h08	23h03	1h05	3h03	5h05	7h00	9h02	11h04	13h02	15h05	17h03
8	19h10	21h12	23h07	1h09	3h07	5h09	7h04	9h06	11h08	13h06	15h09	17h07
9	19h14	21h16	23h11	1h13	3h11	5h13	7h08	9h10	11h12	13h10	15h13	17h11
10	19h18	21h20	23h14	1h17	3h15	5h17	7h12	9h14	11h16	13h14	15h17	17h15
11	19h22	21h24	23h18	1h21	3h19	5h21	7h15	9h18	11h20	13h18	15h21	17h19
12	19h26	21h28	23h22	1h25	3h23	5h25	7h19	9h22	11h24	13h22	15h24	17h23
13	19h30	21h32	23h26	1h29	3h27	5h29	7h23	9h26	11h28	13h26	15h28	17h27
14	19h34	21h36	23h30	1h32	3h31	5h33	7h27	9h30	11h32	13h30	15h32	17h31
15	19h38	21h40	23h34	1h36	3h35	5h37	7h31	9h33	11h36	13h34	15h36	17h34
16	19h42	21h44	23h38	1h40	3h39	5h41	7h35	9h37	11h40	13h38	15h40	17h38
17	19h46	21h48	23h42	1h44	3h43	5h45	7h39	9h41	11h44	13h42	15h44	17h42
18	19h49	21h52	23h46	1h48	3h47	5h49	7h43	9h45	11h48	13h46	15h48	17h46
19	19h53	21h56	23h50	1h52	3h50	5h53	7h47	9h49	11h52	13h50	15h52	17h50
20	19h57	22h00	23h54	1h56	3h54	5h57	7h51	9h53	11h55	13h54	15h56	17h54
21	20h02	22h04	23h58	2h00	3h58	6h01	7h55	9h57	11h58	13h58	16h00	17h58
22	20h06	22h08	0h02	2h04	4h02	6h05	7h59	10h01	12h02	14h02	16h04	18h02
23	20h10	22h12	0h06	2h06	4h06	6h09	8h03	10h05	12h06	14h06	16h08	18h06
24	20h14	22h16	0h10	2h12	4h10	6h13	8h07	10h09	12h10	14h10	16h12	18h10
25	20h18	22h20	0h14	2h16	4h14	6h17	8h11	10h13	12h14	14h14	16h16	18h14
26	20h22	22h24	0h18	2h20	4h18	6h21	8h15	10h17	12h18	14h18	16h20	18h18
27	20h26	22h27	0h23	2h24	4h22	6h24	8h19	10h21	12h22	14h22	16h24	18h22
28	20h30	22h31	0h26	2h28	4h26	6h28	8h23	10h25	12h26	14h26	16h28	18h26
29	20h33	22h35	0h30	2h32	4h30	6h32	8h26	10h29	12h30	14h29	16h32	18h30
30	20h37		0h34	2h36	4h34	6h36	8h30	10h33	12h36	14h33	16h36	18h34
31	20h41		0h37		4h38		8h34	10h37		14h37		18h38

Tabela 4 — Signo Ascendente

	lat. 5°	lat. 10°	lat. 15°	lat. 20°	lat. 25°	lat. 30°	
das	06:00	06:00	06:00	06:00	06:00	06:00	Áries
às	07:59	08:04	08:09	08:14	08:19	08:24	
das	08:00	08:05	08:10	08:15	08:20	08:25	Touro
às	09:59	10:09	10:19	10:29	10:39	10:49	
das	10:00	10:10	10:20	10:30	10:40	10:50	Gêmeos
às	12:19	12:29	12:39	12:49	12:59	13:09	
das	12:30	12:40	12:50	13:00	13:10	13:10	Câncer
às	13:39	13:54	14:09	14:24	14:39	14:54	
das	13:40	13:55	14:10	14:25	14:40	14:55	Leão
às	15:39	15:49	15:59	16:09	16:19	16:29	
das	15:40	15:50	16:00	16:10	16:20	16:30	Virgem
às	17:59	17:59	17:59	17:59	17:59	17:59	
das	18:00	18:00	18:00	18:00	18:00	18:00	Libra
às	20:19	20:09	19:59	19:49	19:39	19:29	
das	20:20	20:10	20:00	19:50	19:40	19:30	Escorpião
às	22:19	22:04	21:49	21:34	21:19	21:04	
das	22:20	22:05	21:50	21:35	21:20	21:05	Sagitário
às	23:39	23:29	23:19	23:09	22:59	22:49	
das	23:40	23:30	23:20	23:10	23:00	22:50	Capricórnio
à	01:59	01:49	01:39	01:29	01:19	01:09	
das	02:00	01:50	01:40	01:30	01:20	01:10	Aquário
às	03:59	03:54	03:49	03:49	03:39	03:34	
das	04:00	03:55	03:50	03:45	03:40	03:35	Peixes
às	05:59	05:59	05:59	05:59	05:59	05:59	

As combinações de Capricórnio e o ascendente

Elemento fundamental para que se determine o temperamento do nativo, especialmente em sua maturidade, o signo ascendente permite combinações de características dos signos que atenuam ou intensificam influências sobre o nativo.

Por isso, é muito importante a análise combinada desses elementos, para se chegar a um quadro mais realista das características de uma pessoa, levando-se em conta o fato de que o ascendente atua diretamente sobre o "eu" interior, a forma de se expressar diante do mundo e os talentos e tendências que guardamos para nós mesmos.

Daí a importância da consideração do signo ascendente na análise de características, o que deve ser feito com cautela, pois, muitas vezes, uma diferença de poucos minutos pode mudar de forma sensível o cálculo para encontrá-lo, levando a pessoa a erros e comprometendo sua determinação exata.

Tradicionalmente, nos acostumamos a considerar correto e definitivo como nosso horário de nascimento aquele que consta em nossa certidão de registro civil, embora tal dado não seja inteiramente confiável, em razão da tendência de se "arredondarem" os horários.

Essa tendência existe no Brasil, notadamente no interior, e, poucas vezes, as pessoas anotam com exatidão o momento da primeira inspiração que a criança faz ao nascer. Por vezes, se a criança nasce, por exemplo, às 22h32, é registrada como tendo nascido às 22h00. Isso pode levar a um cálculo inteiramente errado do ascendente. Por isso, é importante obter a informação, com pessoas mais íntimas, do exato momento do nascimento, antes da realização desse cálculo.

As combinações do signo solar com o signo ascendente sugerem as seguintes características adicionais para o nativo de Capricórnio:

Capricórnio com ascendente em:

Áries ♈ Com elementos fortes de temperamento que combinam o senso criador e explosivo da natureza arietina à determinação realizadora capricorniana, o nativo com esta ascendência é sempre uma pessoa especial, voltada e vocacionada para o sucesso e a conquista. A sua ambição o leva a ações pioneiras, originais e sob um permanente forte manto de liderança. Ser vencedor é quase uma fixação para ele. Com reações e sentimentos bem mais intensos que seus companheiros de signo, é muito exigente consigo e com os outros.

Touro ♉ O duplo elemento terra em uma regência torna o sentimento do mundo no nativo mais realista e prático, determinado e seguro. Todas as suas concepções, são bem mais voltadas para o cuidado e o comedimento na sua forma de agir. Exigente e pouco dado a ouvir, o capricorniano revela uma necessidade compulsiva de segurança. Sua caminhada pela vida é firme e direta e revela um metódico trabalhador na busca de sua realização. Amoroso e sensual nos relacionamentos, detesta relações que caiam na rotina.

Gêmeos ♊ Combinação incomum e muito significativa, resulta da ascendência geminiana sobre Capricórnio. Menos taciturno e fechado que o capricorniano típico, o nativo revela maior capacidade criadora e um idealismo que habitualmente falta ao signo. Tem senso de humor e mostra nas suas ações muita lógica e racionalidade, se isso lhe for benéfico no relacionamento com outras pessoas. Na intimidade mostra tendência à inquietação e ao tédio. É um correto anfitrião e bom comunicador. É bastante atencioso e revela ambição no amor.

Câncer ♋ A ascendência de seu signo oposto dá a Capricórnio um temperamento bem mais afável e agradável que os demais nativos. É menos rigoroso e sua ambição pessoal está sempre ligada à família e à sua estabilidade. A busca pelo perfeccionismo alheio se faz mais prática com essa combinação, e a emotividade passa a integrar as reações do nativo. A intuição compõe de forma admirável um caráter que é bem mais introvertido e fechado. Sua perseverança é notável. É amoroso, gentil e comedido no amor.

Leão ♌ Esta combinação gera uma soma de elementos positivos que concentra benefícios para o capricorniano. A lealdade, o racionalismo e a criatividade do nativo são sensivelmente ampliados. Ele tem mais possibilidades de concretizar o que ambiciona, graças aos dons de liderança e à ânsia pelo poder leoninos, que também são próprios de Capricórnio. Tem forte senso de honra, grau elevado de moralidade e marcante sentido de organização. Os conflitos se dão entre a introversão de seu signo solar e a expansividade do temperamento leonino. No amor, é fiel e seguro.

Virgem ♍ A ampliação do senso prático e do detalhismo surge como elemento forte no temperamento do nativo que tem a ascendência deste outro signo da terra. É combinação que faz do capricorniano uma pessoa bem mais racional, empreendedora e firme. A tenacidade própria de seu signo é bem utilizada pelo nativo, que a coloca em patamares realistas. Suas ambição e energia são dosadas para a realização pessoal e ele apresenta uma grande serenidade. Seu senso crítico é extremado e, nos sentimentos, é encantador e tímido. Tem forte grau de estoicismo.

Libra ♎ A soma de elementos distintos entre signos do ar e da terra, apesar de gerar conflitos interiores, proporciona ao capricorniano um temperamento marcado por um forte senso de justiça. O empenho do nativo e o seu caráter exigente são atenuados e o beneficiam especialmente nas relações de família. O típico amor libriano ao luxo se faz presente, embora com menor intensidade e de forma mais realista. Surgem elementos de sensibilidade e dons artísticos. Tem o nativo ambições sociais. O amor é essencial à sua vida.

Escorpião ♏ O poder e a determinação fazem parte desta positiva combinação entre dois signos bastante compatíveis. A força de vontade escorpiana amplia a determinação de Capricórnio, e sua capacidade realizadora é diretamente beneficiada por isso. O nativo é muito desconfiado e inseguro diante do desconhecido. Fechado e comedido ao se expressar, aceita facilmente as mudanças e alterações que fazem de sua vida uma seqüência de conquistas programadas. Sua paixão e emoção são expressivas, embora nesta combinação se mostrem mais contidas.

Sagitário ♐ Apesar das diferenças entre signos próximos e da presença de elementos conflitantes, a ascendência sagitariana faz do escorpiano uma pessoa bem mais sociável e amorosa, capaz de enfrentar os desafios com maior determinação e paixão. Sua sensibilidade é bem mais intensa que a habitual e ele apresenta alto grau de honestidade e correção. Da mesma forma, seu senso de justiça é acentuado. Tem maior mobilidade e gosto pela aventura e viagens. É versátil, crítico e se mostra dividido entre a fidelidade e o gosto pela novidade.

Capricórnio ♑ Todas as boas características do signo alcançam no nativo com esta ascendência um grau bastante elevado, fazendo-o seguro, determinado, realista e firme como ninguém. O seu temperamento exigente se manifesta de maneira tão forte que pode levá-lo à intransigência e à arrogância. Em compensação, sua resistência a dificuldades e reveses é duplamente acentuada. Sua maior firmeza, natural no duplo capricorniano, o torna um chefe de convicções tão fortes que podem descambar para o despotismo. É bem mais fechado e pensativo.

Aquário ♒ Com características bem atenuadas do amor pela organização natural em Capricórnio, e da ânsia por liberdade de Aquário, o nativo é uma pessoa bastante diferente de seus companheiros de signo. É mais natural, procura concretizar seus sonhos e anseia por liberdade, características habitualmente inexistentes em Capricórnio. Também é inventivo, empreendedor e avançado, o que pode gerar conflitos interiores com o conservadorismo de seu signo solar. Tende ao isolamento e mostra disciplina e coerência com concepções de vida mais abertas e dinâmicas.

Peixes ♓ Uma pessoa mais prudente, sensível aos problemas do mundo e com um sentido de humanitarismo temperado com profundo senso de realidade resulta da combinação entre os dois signos. O capricorniano tem mais medo e insegurança diante do futuro e das mudanças, revelando-se uma pessoa mais humilde e simples que o nativo típico. Por isso mesmo, é mais tímido e tende a subestimar seu potencial criativo. É habilidoso e original e apresenta forte senso artístico e a possibilidade de boa carreira nesse campo. É amoroso e dependente nos relacionamentos afetivos.

Bibliografia

ALVES, Castro. *Espumas flutuantes*. Rio de Janeiro: Ediouro, 1997.

AUSTREGÉSILO, Eliane Lobato. *Como interpretar seu mapa astrológico*. Rio de Janeiro: Tecnoprint, 1981.

BALBACH, A. *As plantas curam*. São Paulo: Edições MVP, 1969.

BECKER, Idel. *Pequena história da civilização ocidental*. São Paulo: Companhia Editora Nacional, 1970.

BENEDETTI, Valdenir. *As quatro estações do homem*. São Paulo: Editora Três, nº 4, nov. de 1986.

——. *Astrologia Hoje*, Todos têm suas fantasias eróticas. São Paulo: Editora Três, nº 5, dez. de 1988.

BISHOP, Jim. *O dia em que Lincoln foi assassinado*. Rio de Janeiro: Record, 1983.

BISHOP, Jim, LACERDA, Carlos. *Esta noite vou matar Lincoln*. Rio de Janeiro: Reader's Digest, v. 6, 1958.

CHANDU, Jack F. *Os signos do zodíaco*. Lisboa: Editorial Presença/Martins Fontes, 1972. 12 v.

DELORME, Renée Jeane, MIOLLA, Hermes. *A cura pelas plantas*. Porto Alegre: Escola Superior de Teologia São Lourenço de Brindes, 1980.

ENCICLOPÉDIA BARSA. Verbetes diversos. Rio de Janeiro: Encyclopaedia Britannica do Brasil Publicações Ltda., 1980.

ENCICLOPÉDIA DELTA LAROUSSE, Verbetes diversos. Rio de Janeiro: Editora Delta, 1980.

ENCICLOPÉDIA LAROUSSE CULTURAL. São Paulo: Nova Cultural, 1998.

ESTUDOS. East-West Astrology Education Partners. Astrology Overview, Internet Home Page. www.astrologyoverview.com (1998/1999).

ETCHEPARE, Rosa M. D. M. Os signos e o modo de amar. *Astrologia Hoje*, São Paulo: Editora Três, n° 5, dez. de 1986.

FACCIOLLO Neto, Antônio, FACCIOLLO, Vera. *Guia astrológico de bolso*.

INSTITUTO PAULISTA DE ASTROLOGIA. São Paulo: Nova Cultural, 1991.

FREEMAN, Martin. *How to interpret your birth chart*. Nova York: Thorsons Publishing Group, 1981.

GOODMAN, Linda. *Seu futuro astrológico*. 6ª ed. Rio de Janeiro: Record, 1968.

HOLLANDER, Cláudia. Método simplificado para calcular o signo ascendente. *Planeta*, São Paulo: Editora Três, dez. de 1981.

HUNT, Diana. *A astrologia e o amor*. 2ª ed. Rio de Janeiro: Casa Editora Vecchi, 1985.

KERSTEN, Holger. *Jesus viveu na Índia*. São Paulo: Best Seller, 1987.

LAROUSSE CULTURAL, GRANDE ENCICLOPÉDIA. Verbetes diversos. São Paulo: Nova Cultural, 1998.

LEE, Dal. *Dicionário de Astrologia*. Nova York: Coronet Communications, Inc, 1968.

MARCH, Marion, MCEVERS, Joan. *Curso básico de astrologia*. 10ª ed. São Paulo: O Pensamento, 1981. 3º vol.

OKEN, Alan. *Astrologia: evolução e revolução*. Rio de Janeiro. Nova Fronteira, 1973.

PINTONELLO, Aquiles. *Os papas — Síntese histórica*. São Paulo: Paulinas, 1986.

REVISTA ASTRAL. Rio de Janeiro: Rio Gráfica Editora, ano II, n° 2, dez. de 1985.

SAKOIAN, Frances, ACKER, Louis S. *O manual do astrólogo*. São Paulo: Ágora, 1993.

SURBECK, Edwin. *O horóscopo de Jesus*. Editora *Esotera*. Berlim: 1986.

VALADÃO, Alfredo. *Vultos nacionais*. 2ª ed. Rio de Janeiro: Freitas Bastos, 1974.

VÁRIOS AUTORES. *A sua sorte — Astrologia em fascículos*. São Paulo: Nova Cultural, 1985.

VÁRIOS AUTORES. *Curso prático de astrologia* (fascículos). Rio de Janeiro: Globo, 1988.

VÁRIOS AUTORES. *Scuola di astrologia* (fascículos). Roma/Milão. Edições Longanesi & C. Periodici/ Mondadori, 1985.

VÁRIOS AUTORES. *Zodiac. Datura Verlagsanstalt*. Berlim: Edições Triesenberg, 1972.

O autor

Com o pseudônimo Max Klim, o jornalista Carlos Alberto Lemes de Andrade é o responsável, há mais de três décadas, pelo horóscopo do *Jornal do Brasil* e de diversos órgãos diários da imprensa brasileira.

Primeiro jornalista especializado em astrologia no país, além da coleção *Você e Seu Signo* em doze volumes, o autor escreve obra sobre a Era de Aquário, sob o título provisório de *Aquário: o enigma das eras*, um dos mais profundos estudos sobre as eras astrológicas e as mudanças que vive a espécie humana.

Jornalista, advogado, administrador de empresas e professor de história, Carlos Alberto nasceu em Campanha (MG) em 27 de março de 1943. Ingressou no jornalismo em 1960, em Ituiutaba, no Triângulo Mineiro, transferindo-se posteriormente para o Rio de Janeiro, onde foi, por 16 anos, funcionário do Sistema JB, ocupando funções de gerência na Agência JB.

Colunista de filatelia e responsável pelo horóscopo do *Jornal do Brasil*, além de seu colaborador eventual, foi tradutor da agência soviética Novosti, redator de verbetes dos livros do ano da *Enciclopédia Delta Larousse*, redator da *Revista Bolsa*, colaborador de diversos jornais, executivo Regional Sul da The United Press International e editor de jornais em Minas Gerais.

Historiador e autor das pesquisas históricas "Chibatas da liberdade", sobre a Inconfidência Mineira, e "Negro de guerra", sobre a Guerra do Paraguai, por tais estudos recebeu a medalha dos 200 anos da Inconfidência Mineira.

Atualmente, mantém páginas sobre astrologia em diversos *sites* da Internet, além de sua própria *home page* no endereço www.maxklim.com.

Este livro foi composto na tipologia Tiffany
Light, em corpo 10,5/14, e impresso em papel
Offset 90g/m² no Sistema Cameron da
Divisão Gráfica da Distribuidora Record.

Seja um Leitor Preferencial Record
e receba informações sobre nossos lançamentos.
Escreva para
RP Record
Caixa Postal 23.052
Rio de Janeiro, RJ – CEP 20922-970
dando seu nome e endereço
e tenha acesso a nossas ofertas especiais.

Válido somente no Brasil.

Ou visite a nossa *home page*:
http://www.record.com.br/novaera